The Mirror of Relationship:
Love, Sex, and Chastity

<ruby>関係<rt>ありのままの自分が見える</rt></ruby>という鏡

ありのままの自分が見える
関係という鏡

J. クリシュナムルティ

The Mirror of Relationship
Love, Sex, and Chastity
A selection of Passages from the Teaching of
J. Krishnamurti

©1992 by the Krishnamurti Foundation of America
and the Krishnamurti Foundation Trust. Ltd.
P.O. Box 1560, Ojai, California 93024
web:www.kfa. org
Krishnamurti Foundation Trust. Ltd.
Brockwood Park, Bramdean, Hampshire SO24 0LQ, England.
web: www. kfoundation.org.

Japanese translation published by arrangement
with Krishnamurti Foundation of America
through The English Agency (Japan) Ltd.

All rights reserved.
Printed in Japan

もくじ

はじめに／7

イントロダクション／8
二人の友だちのように話しあう…8

Ⅰ　生は、関係における動き／10

　私たちが実際にどうあるかを発見する … 条件づけ … 私たちの問題を解決するには、新しい道具が必要です … 関係は、ありのままの自分を見る鏡です … お互いの関係は、実際にはどうあるのか？執着、安全、楽しみ … 人間は、なぜイメージによって生きるのでしょう？

Ⅱ　イメージづくりの装置／22

　他者と関係を持つことは、イメージがないとき、はじめて可能です…23
　見るには、静寂がなくてはならない…24
　私たちはなぜ、自分自身にイメージを持つのでしょう？…25
　正しい関係を確立することは、イメージを消滅させることです…31
　私が注意を払っていない瞬間、
　　思考が連れ出し、イメージをつくり出すのです…38

Ⅲ　楽しみと欲望の理解／42

　楽しみは、知覚したことを思考で継続・育成することです…45
　欲望を理解するには、その動きを、選ばないで気づいていることです…51
　欲望の根源は何でしょう？…52
　それは、欲望を全くもたないということではなく、
　　精神(マインド)はことばにせずよく見ることができる、ということです…60
　欲望を非難したり比較したりするなら、
　　それに気づいているようになることはできません…61

〔質疑応答〕…64
　苦しみへの抵抗、楽しみの追求―どちらも欲望に継続性を与えます…65
　欲望は、炎のようになるでしょう…68
　〔質疑応答〕…69
　欲望にはかまわずに、飛び去らせるか枯れさせる…
　　それこそ葛藤のない精神(マインド)の本質です…72
　〔質疑応答〕…72〜77
　愛と欲望と情熱(パッション)は同じものだとわかるでしょう―
　　もしひとつを消滅するなら、その他も消滅します…78

Ⅳ　性は、なぜ問題になってしまったのか？　／83

　〔質疑応答〕…83
　あなたの心(ハート)に愛がないとき…90
　性(セックス)には、その行為だけでなく、多くのことが包含されています…91
　ほとんどの人々が関心をもつのは、情欲の情熱(パッション)です…92
　〔質疑応答〕…92〜94
　愛があるとき、性はけっして問題ではありません…95
　愛する人は、性的(セクシャル)であっても純粋(ピュア)です…96
　性的なことを拒否するなら、眼を閉じなくてはならない…
　　そして、何も注視してはならない…99
　〔質疑応答〕…99〜103
　愛があるとき、性的行為にはまったく異なる意義があります…104

Ⅴ　純潔について　／111

　あなたはなぜ性を、山の美しさや花の愛らしさを見ることから分離するのでしょう？　…真実への手段としての純潔は、真実の拒否です…
　〔質疑応答〕…118
　解放の達成には、禁欲や純潔は必要ですか？　…118
　修練された心(ハート)、抑圧された心(ハート)は、
　　愛が何かを知ることができません　…120

欲望の抑圧、制御、否定にあたってきた努力は、
　　あなたの精神を歪曲します …121
もし性（セックス）に関して、私の生に無秩序があるとしたら、
　　私の残りの生も無秩序です …122
この全体像が、観念でなく現実の行為として見えるとき、
　　愛と性と純潔は一つです …124

Ⅵ　結婚について ／ 125

関係しているとは、どういう意味でしょうか？ …125
人は、闘争や適応や調整の感覚なしに、
　　どのように他の人と生きるかを見出さなくてはならない …132
あなたは、妻を愛しているなら支配はしない …134
習慣としての結婚、習慣的楽しみの育成としての結婚は、
　　退廃の要因です。なぜなら、習慣には愛がないからです …137
分離した個人の存在は、幻影でしょうか？ …140
あなたは所有の関係を持たずに、愛することができますか？ …147

Ⅶ　愛とは何か ／ 149

嫉妬と執着から自由であることは可能でしょうか？… なぜ動機を持つのでしょう？ 孤独が私に、逃避するように強いてきました … 思考自体が、自らの制限を理解できるでしょうか？ … 孤独は思考によって生み出されるという発見 …愛着があるなら、愛はない … 何が愛ではないかという否定をとおして、愛はあります

Ⅷ　関係における愛 ／ 158

関係における愛は、浄化のプロセスです …158
愛については、考えることはできません …161
私たちは、愛が何かを知りません …162
愛は永続するでしょうか？ …163

愛の状態は、過去のものでも未来のものでもありません …164
誰かを愛しているとき、男女の間に分離はありません …165
自分自身の全プロセスを理解するとき、愛が存在に生じます …166
あなたは、関係のなかでだけ花ひらきます …170
私が愛していることを意識する瞬間、存在に自己の活動が生じ、
　したがってそれは、愛であることを終えるのです …171
あなたが愛するとき、「あなた」も「私」もありません …173
精神は、修練なしに、思考なしに、強制なしに、どんな書物も
　教師もなしに、愛に出会うことができるでしょうか？ …174
一つの動機もない事実へのアプローチが、あるでしょうか？ …177

Ⅸ　関係しているとは、「私」が終わること ／ 182

思考は、関係においてどんな持ち場があるのでしょう？ … 断片化 … イメージをつくる装置 … 孤立と自己保護 … 思考は楽しみの継続を要求する …関係はいつも、生きている現在にあります …関係は、自己の全的(トータル)な放棄があるときはじめて、存在できるのです … あなたはこれまでほんとうに、「私」を手放したことがありますか？ …

出典 ／ 196

はじめに

　この「学習書」は、「関係」という主題に関する J・クリシュナムルティの公開講話、質疑応答、対談、著述の抄録から構成されています。

　クリシュナムルティは、述べられた一節によって彼の洞察全体を包含することができる、広大な眺望から話します。

　自分の探究の糸を辿り、一節がどのように講話全体に関係しているのかは、各抄録の終わりに示された典拠を参照してください（詳細な出典は 196 〜 197 頁にあります）。

　その教え、これら文章の意図は、さらなる探究への跳躍台として役立つことです。

イントロダクション

二人の友だちのように話しあう

私たちは、数日にわたって議論する予定です。
そこで、今朝は、この議論を始めるのがいいでしょう。
この議論についてですが、
あなたが主張し、私が主張するとしたら、
あなたがあなたの見解、教義、経験、知識にしがみつき、
私が私のものにしがみつくとしたら、
そのときには、ほんとうの議論はありえません。
なぜなら、私たちどちらもが、自由に探究できないからです。
議論することは、互いに経験を分かちあうことではありません。
"分かちあうこと"は、いっさいないのです―
あ̇る̇のは、真実の美しさだけ。
それは、あなたも私も、所有できません。
それは、ただそこにあります。

智恵をもって議論するには、愛情の性質だけでなく、
躊躇(ちゅうちょ)の性質もなくてはなりません。
わかりますね、躊躇しないかぎり、探究はできません。
探究(inquiry)とは、躊躇し、自分で見出す、
一歩一歩発見する、という意味です―
そうするとき、そのとき、誰にも従わなくていいのです。
自分の発見の訂正や確証を求めなくていいのです。
しかし、このすべては、たいへんな智恵と敏感さを要求します。

私がこう言ったことによって、
みなさん、問うことを止めないように！

おわかりだと思いますが、
これは、二人の友だちが話しあうのに似ています。
私たちは、主張しているのでも、
互いに支配しようとしているのでもありません。
それぞれが、仲のよい雰囲気のなか、気楽に、温和に話し、
発見しようとしているのです。
そして、その精神(マインド)の状態のなかで、まさに発見するのです。
ここで、私は保証します─
何を発見するかは、ほとんど重要ではありません。
重要なことは"発見する"ということです。
そして、発見した後、"進みつづける"ことです。

発見したその内容にとどまることは、有害です。
そのとき精神(マインド)は閉ざされ、終わってしまうからです。
そうではなく、あなたが発見したその瞬間、
発見したことに対してあなたが死ぬとしたら、
そのときあなたは、川の流れのように、
豊かに水をたたえた河のように、流れることができるのです。

　1965年8月1日、ザーネン、公開講話第10回（CWK-15, p.245）

I 生は、関係における動き

私たちは、ともに会話をしています。
たくさんの木陰のある、鳥たちが歌う樹々の茂った小径を歩き、
ともに坐り、存在の問題全体について話しています。
それは、とても複雑です。
私たちは、どんな主題についても、
互いに納得させよう、互いに説得しようとはしていません。
論争をとおして相手に打ち勝とうとも、自分の見解、先入観に教条主義的にしがみつこうともしていません。
そうではなく、むしろ、世界と私たちの内部にある世界を、
ともに、ありのまま見ようとしています。

私たちの外側の世界、環境、社会、政治、経済などについては、
多くの書物が書かれてきました。
しかし、ほとんどの人は、私たちが現に何であるのか、
発見に至ってはいません。
人はなぜ、今のように行動しているのでしょう？
互いに殺しあい、常に困難な状態におかれ、
何らかの権威、書物、人物、理想に従い、
友人、妻、夫、子どもたちとの正しい関係を持たず——
人はなぜ、幾千年の後に、こんなに卑俗で、野蛮で、
他の存在への気づかいや配慮や注意がまったく欠如し、
愛と考えられるプロセス全体を拒否することになっているのでしょう？
人は何千何万年もの間、外的には戦争とともに生きてきたのです。

私たちは今、核戦争を止めようとしていますが、
戦争はけっして止めないでしょう。
戦争を止めるため、全世界にわたるデモがあったことはありません。
特定の戦争に反対するデモがあるにすぎません。
そして、戦争が続いているのです。
人々は搾取され、抑圧され、抑圧する者が抑圧される者になります。
これが、悲しみ、寂しさ、たいへんな憂鬱感、積重なる心配、
まったくの安全欠如をともなう人間存在の循環です。
社会とも自分の親密な人々とも、けんか、葛藤・抗争、口論、
抑圧などのない関係がありません。
これが、私たちの生きている世界です。
皆さん、ご存知のことだと思います。

昨日言いましたように、思考の活動を見てください。
私たちは思考によって生きているからです。
私たちの行動は、すべて思考に基づいています。
私たちの熟慮による努力―瞑想、崇拝、祈り―は、すべて思考に
基づいています。
思考は、ユダヤ人、アラブ人など戦争をつくり出す国家の分割、
イスラム教徒、キリスト教徒、ヒンドゥー教徒、仏教徒など
宗教の分割をもたらしてきました。
思考は、地理的だけでなく、
心理的、内的にも世界を分割してきました。
人は心理的、機械的な存在のレベルだけでなく、
職業においても断片化し、ばらばらに砕かれています。
あなたが教授だとしたら、
自分の小さなサークルを持ち、そこで生きます。
実業家だとしたら、金儲けをします。
政治家だとしたら、その範囲内で生きます。

そして宗教的な人物だとしたら—
宗教という言葉が一般的に受け入れられている意味においてですが—
さまざまな形の供養、儀式、瞑想、偶像崇拝などをしています。
そのときもまた、断片化した生を生きます。
それぞれの断片は、それ自体のエネルギーを持ち、
それ自体の能力を持ち、それ自体の修練・規律を持っています。
それぞれの部分は、他の部分に反駁(はんばく)することにとてつもない役割
をはたすのです。このすべてをご存じにちがいありません。
この分割は—外的、地理的、宗教的、国家的・民族的な分割も、
自分と他の人との間にある分割も—エネルギーのむだです。
それは葛藤・抗争です。
私たちのエネルギーをむだにし、口論し、分割し、
それぞれが自分のことを追求し、
自分の私的な安全を渇望し、要求するなどします。

行動（action）は、すべてエネルギーを要します。
考えることは、すべてエネルギーを要します。
絶えず分割されるエネルギーは、エネルギーの消耗です。
一つのエネルギーがもう一つのエネルギーに反駁したり、
一つの行動がもう一つの行動に反駁したり、
あることを言いながら別のことをする、
それは明らかに偽善的な生の受容であり、エネルギーの消耗です。
こういう活動すべてが、いつでも精神、頭脳(マインド)を条件づけるにちがいありません。
私たちは条件づけられています—迷信、信念すべてをもったヒンドゥー教徒、仏教徒、イスラム教徒、キリスト教徒としてです。
条件づけられていることに、疑問はありません。
条件づけられていないという主張はありません—
宗教的にも、政治的にも、地理的にもそうなのです。

大問題を生み出している条件づけからの自由や、思考の活動からの自由があるまで、それら問題はとうてい解決できません。
私たち人間の問題を解決するには、新しい道具が必要です。
私たちは進むにつれて、それについて話すことになるでしょう。
しかし、語り手がその道具の新しい性質が何なのかを、あなたに話すのではありません。
一人一人が自分で見つけなくてはならないのです。
ですから、できるなら、ともに考えなければなりません。
それは、私たちのどちらもが、感じ、探究し、探し出し、
問い、疑うことを要求します。
私たちが組み立ててきたこれらものごとすべて、
互いの間に障壁として生み出してきたものごとすべてをです。
私たちは、ゆっくりと破壊されているこの美しい地球に生き、
私たちのこの地球— インド人のものでも、イギリス人のものでも、アメリカ人のものでもない、私たちのこの地球— に生きている人間として、智恵をもって幸せに生きなくてはなりません。
しかし、私たちは条件づけられているため、
明らかに可能ではありません。
この条件づけはコンピュータに似ています。
私たちはプログラムされています。
ヒンドゥー教徒であるように、イスラム教徒であるように、
キリスト教徒、カトリック、プロテスタントであるようにです。
キリスト教の世界は、二千年間、プログラムされてきました。
ですから頭脳は、そのプログラムをとおして条件づけられてきました。コンピュータのようにです。
それで、私たちの頭脳は深く条件づけられています。
私たちは、その条件づけから自由であることは、そもそも可能なのかどうかを問うているのです。
その制限からトータルに、完全に自由でないかぎり、

思考ではない新しい道具とは何かについて尋ねたり、
ただ質問することは、意味がありません。

一番目のことですが、はるか遠くへ行くには、
ごく近くから始めなければなりません。
私たちは最初の一歩を踏み出さずに、遠くに行きたいのです。
最初の一歩が、最後の一歩であってほしいのかもしれません。
私たちは、理解しあっているでしょうか？
通じ合っているでしょうか？
それとも、私は自分に話しをしているにすぎないのでしょうか？
自分に話しているだけなら、自分の部屋でできます。
けれども、私たちがともに話しあい、会話しているとしたら、
どちらもが同じ時に、同じ水準の同じ熱心さで出会うとしたら、
その会話は意義を持ちます。
それが愛で、ほんとうの深い友情です。
私には、この講義はふつうの意味での講義ではありません。
ともに人間の問題を問い、解消しようとしているのです。
それはとても多くの問いを必要とします。
なぜなら、人間の問題はひじょうに複雑だからです。
人は、忍耐という特質を持たなければなりません——
それは時間の特質ではありません。
私たちはみな、歩みを進めようとして、がまんができません。
「早く何らかのことを言ってください」と——
けれども、あなたに忍耐があるなら、
何らかの目的、目標に到達しようとしているのでないのなら、
一歩一歩着実に、その問いを進めてください。

お話ししましたように、私たちはプログラムされています。
人間の頭脳はメカニカルなプロセスです。

その思考は、仏教徒、ヒンドゥー教徒、キリスト教徒などとして
考えるように条件づけられてきました。
つまり、私たちの頭脳は条件づけられているのです。
その条件づけからの自由は、可能でしょうか？
可能ではない、という人たちがいます。
なぜなら、彼らはこう訊ねるからです—
「何世紀もの間、条件づけられてきた人間の頭脳が、
どうすれば条件づけを完全に拭い去り、普通でない素朴さ、
初原の、無限の能力をもつようにできるというのか」と。
多くの人々はこう主張し、条件づけの修正で満足するだけです。

けれども私たちは、この条件づけは試すことができ、観察ができ、
条件づけからトータルに自由になることができると主張しています。
それが可能かどうか、自分自身に発見するには、
私たちの関係を探究しなくてはなりません。
関係は、ありのままの自分が見える鏡です。
生のすべては、関係における動きで、
何とも関わっていない生き物は、地上にはいません。
人里離れた所に住む隠者でさえ、過去と関係し、身のまわりにい
る人たちと関係しています。関係から抜け出してはいません。
その関係のなかで、自分自身を見ることができる鏡のなかで、
私たちの反応、先入観、恐れ、憂鬱、心配、寂しさ、悲しみ、痛み、
嘆きなど、自分がどうあるのかに気づくことができるのです。
愛しているか、あるいは、愛というようなものはないのか、
気づくことができるのです。
私たちは、この関係についての問いを検討しましょう。
なぜなら、それが愛の基礎だからです。
それが今、私たちが互いに持っている唯一のものです。
あなたが正しい関係を見つけられないなら、

妻や夫などから離れて、特定の狭い生を生きるなら、
その孤立した存在は、それ自体の破壊をもたらします。

関係は、生においてもっとも、とても重要なことです。
関係を理解しないとしたら、新しい社会は生み出せません。
そこで、"関係とは何か"に近づいて、探究しましょう―
なぜ、人間は長い生存をとおして、
抑圧、所有欲、執着、反駁などのない関係を一度も持たなかったか？
なぜ、いつでも、男と女、我々と彼らといった区分があるのか？
ともに探査しましょう。
探査は、知的なもの、たんに言語的なものになるかもしれません。
けれども、知的な了解では、まったく価値がありません。
それはただの観念、概念です。
あなたが、あなたの関係を一つの全体として見ることができたら、
そのときおそらく、関係の深さ、美しさ、質が見えるでしょう。
よろしいでしょうか？つづけてよろしいでしょうか？
私たちは尋ねています―
お互いの現在の関係は、実際のところどうなのでしょうかと？
理論的に、ロマンチックに、観念論的にでなく―
それらはすべて実在しない関係ですから―
男性と女性のお互いの、日々の現実の関係について尋ねています。
私たちはそもそも関係しているでしょうか？
生物的な関係はあります。
その私たちの関係は、性的で、楽しいものです。
私たちの関係は、所有の状態、執着であり、
お互いへのさまざまな形での押しつけです。

執着とは何でしょう？
なぜ、これほど途方もない執着を必要とするのでしょう？

執着に包み込まれているものは、何でしょう？
人はなぜ執着するのでしょう？
何かに執着するとき、そのなかにはいつも恐れがあります。
失う恐れがあり、いつも不安な感覚があります。
どうぞ、あなた自身について観察してください。
いつも分離の感覚があります。
私は妻に執着しています。彼女に執着しています。
なぜなら、彼女は私に性的に楽しみを与えてくれ、
伴侶として楽しみを与えてくれるからです─
私が話さなくても、このすべてをご存じでしょう。
それで、彼女に執着するのです。
それは、嫉妬し、怯えているという意味です。
嫉妬があるところには、憎しみがあります。
では、執着は愛でしょうか？
それが、関係における注目すべき一つのポイントです。

さて、私たちは一人ひとりの関係のなかで、
歳月をとおして相手のイメージを一つに組み立てています。
彼女と彼の現実の関係とは、
お互いにつくり出してきたそれらイメージです。
実際、一緒に眠るとしても、
お互いに一つのイメージを持っています。
そのイメージの関係のなかで、どのようにして他の人との現実的
な事実にもとづく関係がありうるでしょうか？
私たちはみな、子どもの頃から、
自分自身と他の人たちについて、イメージを築いてきました。
さて、私たちは、とてもとても重大な問いかけをします─
関係のなかで、まったくイメージなしに生きられるでしょうか？
たしかにあなたたちは、語り手についてイメージを持っています。

そうでしょう?! 明らかに持っています。
なぜでしょうか?
あなたは語り手を知りません。実際に彼を知りません。
彼は壇上に坐り、話します。
彼のイメージを持っているので、彼と関係を持ちません。
あなたは彼について、イメージをつくり出しました。
そして自分自身について、私的なイメージを持ちます。
政治家について、実業家について、導師について、
あれこれについて、多くのイメージを持っています。
人は、いっさいイメージなく、深遠に生きられるでしょうか?
イメージは、妻についての結論かもしれません。
イメージは、絵画、性的な絵画かもしれません。
イメージは、何かよりよい関係を形づくるかもしれません。
人間たちは、いったいなぜイメージを持つのでしょうか?
どうか、あなた自身に問いかけてください。
他の人についてイメージを持つとき、
そのイメージは、あなたに安心感を与えるのです。

愛は、思考ではありません。愛は、欲望ではありません。
愛は、楽しみではありません。
愛は、イメージにもとづく活動ではありません。
他のものにイメージを持つかぎり、愛はありません。
そこで、私たちは尋ねます—
何一つイメージをもたずに、生きることは可能だろうかと。
さて、あなたたちは、お互いに関係を持ちます。
実のところ、その関係は、性的なことは除いて、
けっして出会うことのない、平行な二本の線のようです。
会社に属す男性は、野心的で、貪欲で、嫉妬深く、

実業の世界、宗教の世界、専門職の世界などで、
ある地位に到達しようとしています。
現代は、女性もまた会社に属します。
そして彼らは子どもを養育するために、家で出会います。
すると、責任、教育、全くの無関心などの全体的問題が生じます。
そのとき、あなたの子どもたちがどうなのか、
子どもたちに何が起こるのかは、大事ではありません。
あなたは彼らに、あなたのようになってほしい―
無事に結婚し、家庭、仕事をもつ等です。
そうでしょう？
これが私たちの生、日々の生で、ほんとうに悲しい生です。
そこで、人はなぜイメージによって生きるのかを尋ねるなら―
イメージは、思考によって創造されていることがわかるでしょう。
あなたたちの神は、すべてイメージです。
キリスト教の神、イスラム教の神、あなたの神―
思考は不確かで、不安に満ちています。
思考が寄せ合わせたものごとに、安全はありません。
では、私たちの関係のなかで、
条件づけから自由になることは可能でしょうか？
それには、関係の鏡のなかで、私たちの反応はどうなのか、
反応は、機械的、習慣的、伝統的なものか、
注意深く、集中して、持続的に観察することです。
その鏡のなかにこそ、あなたは現実の自分を発見します。
ですから、関係は並外れて重要です。

私たちは"観察するとは何か"を探究しなくてはなりません。
あなたは関係という鏡のなかで、自分自身を、自分が何なのかを、
どのように観察しますか？

観察するとは、どういう意味でしょうか？
これは、見出さなくてはならないもう一つの重要なことです。
見る、とはどういう意味でしょう？
あなたが樹を見るとき、どのようにそれを見るでしょうか？
――樹は地上でもっとも美しい、もっとも麗しいものの一つです。
あなたはそれを"注意を注いで見る"ことがありますか？
新月を注意を注いで見ることがありますか？
新月の形、あんなに優美で、さやかで、あんなに若い――
これまでに、それを注意を注いで見たことがあるでしょうか？
「月」という言葉を使わず、注意深く見ることができますか？
あなたはこの探究に、ほんとうに興味をもっていますか？
私は、流れてゆく河のように進むでしょう。
あなたは河岸に坐って河を見ています。
が、けっして河にはなりません。
それは、あなたはけっして河に関わらないし、
始まりもなく終わりもないその動きの美しさに、
けっして加わらないからです。

どうか、"観察する"とはどういうことか、熟考してください。
樹や月、何か外側のものを観察するとき、
あなたは、いつも言葉を使います――「樹」、「月」と。
それに名をつけないで、同一視の言葉を使わないで、
月、樹を見ることができるでしょうか？
言葉や言葉の内容なしに、言葉を樹やものごとと同一視せずに、
見ることができるでしょうか？

では、あなたの妻、夫、子どもを、
「私の妻」といった言葉も、イメージもないまま、
注意深く見ることができるでしょうか？

試したことがありますか？
言葉も名前も、彼女や彼について創った型もなく観察するとき、
その観察には、観察する中心がありません。
そのとき、何が起こるのかを見出してください。
言葉は思考です。
思考は記憶から生まれます。
あなたは、あなたと相手の間に、
妨げとなる記憶、言葉、思考、イメージをもっています。
そうでしょう？
しかし、観察するところに、思考はありません―
見ること、観察することには、言葉、言葉の内容、言葉の意義という意味での思考はありません。
そのとき、その観察には、
「あなた」を見ている「私」という中心がありません。
そのときはじめて、他の人との正しい関係があるのです。
そこには、学びの質、たしかな美しさや敏感さの質があるのです。

　1982年12月26日、インド、マドラス（MWM, pp76-81）

II イメージづくりの装置(註)マシナリー

あなたはこれまでに、妻や夫、子ども、隣人、上司、
政治家たちの誰かを注意して見たことがありますか?
あるとしたら、見えるのは何でしょうか?
注意して見られるのは、あなたがもっている人物のイメージ、
あなたがもっている政治家たち、首相、神のイメージ、
あるいは、あなたの妻や子どもたちのイメージです。
そのイメージは関係をとおして、
あなたの恐れや希望をとおして、つくり出されています。
妻、夫との性的楽しみや他の楽しみ、怒り、賞賛、慰め、
家庭生活―その死んだような生活のもたらすすべてが、
妻や夫のイメージをつくり出しています。
そのイメージによって、あなたは見ます。
同じように、相手もあなたのイメージを持っています。
ですから、妻と夫の関係、あなたと政治家の関係というのは、
ほんとうのところ、二つのイメージによる関係です。
よろしいでしょうか?それは事実です。
思考や楽しみなどの結果としての二つのイメージが、
どのように愛情や愛を持てるでしょう?
二人の個人の関係は、とても近いものでも、遠いものでも、
イメージ、象徴、記憶による関係です。
そうした関係に、どのようにほんとうの愛がありえるでしょう?
この問いを、あなたはわかりますか?

  1966年12月22日、ニューデリー、公開講話第3回 (CWK-17, pp.112-13)
  (註)マシナリー:機械装置、メカニズム、からくり、機構、仕組みなどのこと

他者と関係を持つことは、
イメージがないとき、はじめて可能です

私たちは、いつも誰かと関係しているでしょうか？
私たちがつくり出してきた互いのイメージの間に、
関係はあるでしょうか？
私は、あなたについてのイメージを持っています。
あなたは、私についてのイメージを持っています。
私の妻や夫など何にせよ、私はあなたのイメージを持っていて、
あなたも私のイメージを持っています。
関係は、これら二つのイメージの間にあり、他の何でもありません。
が、他の人と関係するのは、イメージがないときはじめて可能です。
記憶によるイメージ、侮辱のイメージなどすべてのイメージなしに、
私があなたを、あなたが私を、注意して見ることができるとき、
そのときに関係があります。
けれども、観察者の性質そのものがイメージではないでしょうか？
私のイメージがあなたのイメージを観察する―
それが可能であればですが…これが関係と呼ばれています。
ですが、それは二つのイメージの間のことで、
どちらもイメージですから存在しない関係です。
関係しているとは、ふれあっているという意味です。
ふれあいは、イメージ同士ではなく、直接的でなければなりません。
他者を、その人のイメージを持ち込まずに、
彼がどのように私を侮辱してきたか、あるいは楽しませ、楽しみ
を与えてきたかなど、あれこれの記憶であるイメージなしに、注意
深く見るには、たいへんな注意、気づきを必要とします。
そして、二人の間にイメージがないとき、はじめて
関係があるのです。

1966年9月26日、ニューヨーク、公開講話第1回（CWK-17, p.7）

見るには、静寂がなくてはならない

もしあなたが、花を見るとしたら、
その花についてのどんな思考も、見ることを妨げます。
「バラ」、「スミレ」、という言葉、
それは、この花、あの花ということで、
花の種が、あなたの観察を妨げます。
見るには、言葉の干渉をなくさなくてはなりません。
それは、思考を客観視することです。
そこには言葉からの自由がなくてはならず、
見るには、静寂がなくてはなりません——
でないと、見ることはできない。
あなたがあなたの妻や夫を見るときに、
楽しみの記憶にせよ苦痛の記憶にせよ、記憶のすべてが、
見ることに干渉します。
イメージなしに見るときにはじめて、関係があります。
あなたの言語によるイメージと相手の言語によるイメージは、
まったく関係を持ちません。
それらは実在しないのです。

　　1966年10月5日、ニューヨーク、公開講話第5回（CWK-17, pp.35-6）

私たちはなぜ、自分自身にイメージを持つのでしょう？

私たちがお互いの関係の意味を充分に理解するには、
どんなに親しい関係でも、どんなに疎遠な関係でも、
"なぜ頭脳がイメージをつくるのか？"を理解することからはじめなければなりません。
私たちは自分についてのイメージと、他の人たちについてのイメージを持っています。なぜ、それぞれが固有のイメージを持ち、自分をそのイメージと同一視するのでしょうか？
そのイメージは、必要でしょうか？
それは、人に安心感を与えてくれるからでしょうか？
それは、人々に分離をもたらさないでしょうか？
私たちは、妻や夫や友人との関係を密接に見なくてはなりません。
避けようと、払いのけようとせず、それを密接に見るのです。
私たちはともに、世界中の人間は、なぜイメージ、象徴、様式をつくり出すこの並外れた装置を持っているのかを、検討し、見出さなければなりません。
その理由は、それらの様式と象徴とイメージの中に、
大きな安全が見つかるからでしょうか？
自分を観察すれば、
自分自身についてイメージを持っていることがわかるでしょう—
傲慢なうぬぼれのイメージ？それとも、反対のイメージ？
あるいは、あなたはたくさんの経験を蓄積し、たくさんの知識を取得してきています—それはイメージを生み出します。
専門家というイメージです。
私たちは、なぜ自分についてイメージを持つのでしょうか？
それらのイメージは人々を分離します。

スイス人、イギリス人、フランス人としての自分自身のイメージを持っているなら、あなたの人類の観察を歪めるだけでなく、あなたを他の人たちから分離します。
そして、分離や分割があると、どこでも葛藤や抗争があるにちがいありません。世界中で起こっている抗争—イスラエル人に対するアラブ人、ヒンドゥー教徒に対するイスラム教徒、一つのキリスト教会に対するもう一つの教会など—のようにです。
国家・民族の分割と経済の分割はすべて、
イメージ、概念、観念によって結果として生じます。
頭脳は、これらイメージにぴたりと付いています—
なぜでしょうか？
それは、私たちの教育によるのでしょうか？
個人がもっとも重要な私たちの文化によるのでしょうか？
—共同的な社会では、個人は何か全く異なるものです—
それは私たちの文化の一部、宗教的訓練や日々の教育の一部です。
人が自分自身についてイギリス人やアメリカ人だとのイメージを持つとき、そのイメージは一定の安心を与えます。
それはまったく明らかです。
自分が自分についてのイメージをつくり出すので、
そのイメージは半永続的になります—
そのイメージの裏に、あるいはそのイメージのなかに、
安心や安全、抵抗の形を見つけようとするからです。
人が他の人と関係するとき、
精神的あるは物理的にどんなに繊細でも、どんなに微かでも、
イメージにもとづく感応があります。
誰かと結婚していたり、親密に関係しているなら、
日々の生のなかでイメージが形づくられます。
知り合って一週間でも、十年でも、
相手の人のイメージは、一歩一歩ゆっくりと形づくられます。

あらゆる反応が記憶され、そのイメージに付け加えられ、
頭脳に蓄えられます。
そのため、その関係は身体的、性的、精神的であるかもしれませんが、
実際には二つのイメージ、自分と相手のイメージの間にあります。

語り手は、何かとっぴなこと、風変わりなこと、
夢想的なことを言っているのではありません。
これらイメージが存在すると、たんに指摘しているだけです。
これらイメージが存在し、
人はけっして他の人を完全に知ることはできません。
結婚していても、ガールフレンドであっても、
けっして彼女を完全に知ることはできません。
人は、「自分は彼女を知っている」と考えます。
なぜなら、彼女とともに暮らし、
さまざまな事件、さまざまないらだち、
日常生活で起こる出来事すべての記憶を蓄積してきたからです。
そして、彼女もまた彼女の反応を経験し、
それらのイメージが、彼女の頭脳に確立されます。
それらのイメージは、人生で途方もなく重要な役割をはたします。
明らかなことですが、私たちの誰もが、
どんな形のイメージからも自由ではありません。
イメージからの自由こそ、ほんとうの自由です。
その自由には、イメージによってもたらされた分割がありません。
インドに生まれ、ヒンドゥー教徒の人は、
人が服従するすべての条件づけのもとで、
人種の条件づけや、迷信をもち、その社会構造の全体である宗教
的な信念、教義、儀式をもった特定集団の条件づけのもとで、
イメージの複合体によって生きます。
そして、そのイメージこそが、条件づけなのです。

たとえどんなに同胞愛、調和、全体性について話そうとも、
それは日常的な現実の意味を持たない空っぽの言葉です。
けれども、その押しつけすべてから、
迷信の無意味な条件づけすべてから、自分自身を解放するなら、
そのときには、そのイメージを破壊しているのです。
また、結婚している、誰かと生活している人間関係において、
イメージをまったくつくり出さないことは可能でしょうか？
その特定の関係において、楽しい、あるいは、苦しい出来事を、
記録しないこと、侮辱もお世辞も、元気づけも落胆も、
記録しないことは可能でしょうか？

まったく記録しないことは可能でしょうか？
なぜなら、頭脳が心理的に起こっているあらゆることを、絶えず
記録していると、けっして静かになる自由がありません。
けっして平穏で、平和でいることができません。
その頭脳の装置がいつでも作動していると、
それ自体を疲れ果てさせます。これは明らかです。
関係がどんなものであっても、
それが私たちの互いの関係において起こることです。
あらゆるものごとを絶えず記憶するなら、
頭脳はゆっくりと衰えはじめます。
それは本質的には老齢です。

さて、究明していくと、次の問いに出会います。
関係のなかで、それらの反応と細かい区別がありながら、
本質的な感応がありながら、
記憶しないということが可能でしょうか？
記憶することと記録することは、いつも起こっています。
そこで私たちは、「心理的なことを記録せずに、

絶対的に必要なことだけを記録することは可能か？」と問います。
ある方面では、記録することを必要とします。
たとえば、数学を学ぶには、必要なことすべてを記録しなければなりません。技術者になるなら、構造などに関係する数学すべてを記録しなければなりません。物理学者になるなら、その主題においてすでに確立されたことを、記録しなければなりません。車の運転を学ぶには、記録しなければなりません。
けれども、私たちの関係において、
心理的、内的なことを記録することは必要でしょうか？
過去の出来事の記憶、それは愛でしょうか？
事件、労苦、苦闘―それらは頭脳に記録され、蓄積されています。
私が妻に「愛している」と言うとき、
それは、ともに生きてきたすべての記憶からでしょうか？
その記憶は現実の愛でしょうか？

では、自由で、心理的に一切記録しないことは、可能でしょうか？
それは、完全な注意があるとき、はじめて可能になります。
完全な注意があるとき、記録することはないのです。

なぜ、私たちは説明を必要とするのか、
なぜ頭脳は、ことの全体を直接に、即座に捉え、洞察できないのか、
私にはわかりません。
なぜこのこと、すべての真実を見ることができないのか？
真実の働きに任せ、それによって記録をクリーンにし、
全く心理的記録のない頭脳を持つことができないのでしょう？

ほとんどの人はかなり怠惰で、むしろ古い様式のなかで、
思考の特定の習慣のなかで生きることを好みます。
新しいことは、どんなことでも拒みます。

なぜなら、知られていないものより、
知られたものと生きるほうが、はるかによいと考えるからです。
知られたものには、安全があります—
少なくとも、人々は安全、安心があると考えます。
それで、知られたものの領域のなかで、
反復、仕事、苦闘をつづけるのです。

さて、私たちは、記憶のプロセスと装置全体を働かせずに、
観察することができるでしょうか？

　1981年7月19日、スイス、ザーネン（NT, pp.40-3）

正しい関係を確立することは、イメージを消滅させることです

二つのイメージの間に、愛はありません。
あなたが私についてイメージ、観念を持っているなら、
私があなたを愛し、あなたが私を愛することはできるでしょうか?
私があなたを傷つけてきたなら、あなたに強いてきたなら、
私が野心的で利口で、あなたに先んじていたなら、
どうしてあなたは私を愛することができるでしょうか?
あなたが私の立場、仕事を脅かすなら、私の妻と逃げだすなら、
どうして私はあなたを愛することができるでしょうか?
あなたが一つの国に、私がもう一つの国に属しているなら、
あなたがヒンドゥー教、仏教、カトリックなど一つの宗派に属し、
私がイスラム教徒であるなら、
どうして私たちは互いに愛しあえるでしょうか?
関係に根本的な変容がないかぎり、平和はありえません。
僧侶やサニャーシになり、丘に逃げだすことによっては、
自分の問題の解決に至ることはないでしょう。
なぜなら、僧院や洞窟や山で生きるとしても、
どこで生きるとしても、あなたは関係しているからです。
神や真理についてあなたがつくり出したイメージからも、自分自身とその他すべてについてのイメージからも、
自分を孤立させることはできません。

さて、正しい関係を確立するには、イメージを消滅させることです。
イメージを消滅させるとはどういうことか、わかりますか?
それは自分についてのイメージを消滅させるという意味です。
つまり、私はヒンドゥー人、パキスタン人、イスラム教徒、カトリック教徒、ユダヤ人、共産主義者だというイメージなどです。

あなたは、イメージをつくり出す装置―あなたのなかの装置と相手のなかの装置―を消滅させなくてはなりません。
そうでないと、あるイメージを滅したとしても、その装置は別のイメージをつくり出すでしょう。
ですから、あなたのイメージがあることを見出すだけでなく、
あなたの特定のイメージに気づくだけでなく、
イメージをつくり出す装置にも気づかなくてはなりません。

では、その装置がどのようなものかを見てみましょう。
私の問いがわかりますか？
初めにイメージの存在を意識し、気づき、知らなくてはなりません。
ことばで表したものではなく、知的にではなく、
現実に事実として知ることです。
それはもっとも難しいことの一つです。
なぜなら、イメージを知ることは、とても多くのことを意味します。
あなたはこのマイクロフォンを知ること、観察することができます。
―それは事実です。
あなたたちは、さまざまな名前で呼ぶかもしれません。
けれども、さまざまな名前で呼ばれるものを理解するなら、
そのとき、事実が見えます。そこに解釈はありません。
私たちは共に、それはマイクロフォンだと知っています。
しかしながら、解釈なしにイメージを理解すること、観察する者なしにそのイメージの事実が見えることとは異なることです。
なぜなら、観察する者はイメージの作者で、
イメージは、観察する者の思考だからです。
これはとても複雑なことです。
あなたはただ「私はイメージを消滅させる」と言って、それについて瞑想し、ある種のトリックをしたり、あるいは、「私はイメージを消滅できる」と自分を催眠にかけたりすることはできません。

そうしたことでは、可能ではありません。
それは、どんなときにも、とほうもない理解を必要とし、
多大な注意と探究を必要とします。
結論はありません。
探究している人は、けっして結論に至ることはないのです。
生は絶え間なく流れる広大な河です。
もしあなたが、自由に、歓喜をもって、敏感さをもって、大いなる喜びをもってそれに従わないとしたら、その河の豊かな美しさ、容量、特質が見えることはないでしょう。
それで、私たちはこの問題を理解しなければなりません。

私たちが"理解する（understand）"という言葉を使うときは、
"知的にではない"という意味からではありませんか？
たぶんあなたは、"イメージ"という言葉を理解していて、
イメージが、知識、経験、伝統によって、あるいは、
家庭生活や会社の仕事での緊張、ストレス、侮辱などによって、
どのようにつくり出されるかを理解しています。
では、そのイメージをつくる装置は何でしょうか？
わかりますか？
イメージは、寄せ集めてまとめられなくてはなりません。
また、イメージは維持されなくてはなりません。
そうでないと、衰弱するでしょう。
そこで、自分でこの装置がどのように働いているかを見出さなくてはなりません。
この装置の本性とその重要性を理解すると、
イメージ自体がその存在を終えます。
そのイメージは、意識的なイメージ、つまり自分について意識的に持っていて、表面的に気づいているイメージだけでなく、深層のイメージも含めた全体です。

このことを明らかにしていることを願っています。

人は、イメージがどのように存在に生じるのか、
イメージをつくり出す装置を止めることは可能かどうかを、
内に入って見出さなくてはなりません。
そうしてはじめて、人と人の間に関係があるのです。
関係は、二つのイメージの間には存在しないものです。
それらは死んでいる実体です。
とても単純なことです。
あなたは私に、私（me）を尊敬しているとお世辞を言います。
私は、侮辱を通したり、お世辞を通したりして、あなたにあるイメージを持ちます。
私は、痛み、死、悲惨、葛藤、飢え、寂しさなどを経験しています。
そのすべてが私（me）のなかに、あるイメージをつくり出します。
つまり、私はそのイメージです。
私はイメージだということではなく、
イメージと私（me）は異なっているということではなく、
「私（the 'me'）というのは」、そのイメージです。
思考者がそのイメージです。
イメージをつくり出すのは、思考者です。
身体的な、心理的な、知的な応答や反応をとおして、
思考者、観察者、経験者は、記憶や思考をとおして、
そのイメージをつくり出します。
ですから、イメージをつくり出す装置というのは、考えることです。
その装置は思考をとおして存在します。そして思考は必要です。
そうでないと、あなたは存在できません。
初めに問題を見てください。
思考が思考者をつくり出し、思考者が自分自身についてのイメージをつくり始めます―自分はアートマンです。神です。魂です。

バラモンです。非バラモンです。
イスラム教徒です。ヒンドゥー教徒です、その他です。
イメージをつくり出して、そのなかで生きるのです。
ですから、考えることがこの装置の始まりです。
そしてあなたは、こう言うのです—
「どうすれば考えることを止められるのでしょうか？」と。
できません。
でも、考えて、しかもイメージをつくり出さないことはできます。
人は、共産主義者やイスラム教徒であることを観察できます。
あなたはこれを観察できます。でも、なぜ自分についてイメージ
をつくり出さなくてはならないのでしょうか？
あなたは私について、イスラム教徒、共産主義者、
あるいは何でもかまいませんが、イメージをつくり出します。
なぜなら、あなたは自分についてイメージを持っていて、
それで私を判断するからです。
しかし、あなたが自分自身のイメージを持っていなかったなら、
私のイメージをつくらず、私を注意深く見て、観察するでしょう。
これこそが、自分自身の思考や感情に、
多大な注意、多大な観察を必要とする理由です。

そうして、私たちの関係のほとんどは、実際のイメージ形成に基づき、形成されたイメージをもつことによって、二つのイメージの間に関係を確立するか、確立を望むものだとわかり始めます。
そして、当然のことですが、イメージの間に関係はありません。
もしあなたが、私についての見解を持っているとしたら、
そして、私が、あなたについての見解を持っているとしたら、
どのようにして、私たちは関係を持つことができるでしょう？
関係は、それが自由であるときにはじめて、イメージ形成からの
自由があるときにはじめて、存在します。

これからの話のあいだに、これに入りましょう。
このイメージがばらばらに砕かれて、イメージ形成がやむとき、
はじめて葛藤の終わり、葛藤の全的(トータル)な終わりがあるでしょう。
そのときはじめて、内的だけでなく外的にも、平和があるでしょう。
あなたがその平和を内的に確立してはじめて、
精神(マインド)は自由になり、はるか遠くに行けるのです。

おわかりだと思いますが、自由は、精神(マインド)が葛藤状態にないときにかぎり、存在できます。死んではいないかぎり、私たちのほとんどは葛藤状態にあります。
あなたは自分自身を催眠状態にしています。
あるいは、自分自身を何かの運動、何かの公約、何かの哲学、何かの分派、何かの信念と同一視しています。
あまりにも同一視しているので、
ちょうど催眠にかかった状態で、眠った状態で生きています。
私たちのほとんどは葛藤状態にあり、その葛藤の終わりが自由です。
葛藤とともにあって、自由を得ることはできません。
あなたはそれを探し求めるかも、欲するかもしれません。
しかし、けっしてそれを得ることはできません。
さて、関係は、イメージを寄せ合わせる装置の終止を意味します。
そしてその装置の終止とともに、正しい関係が確立されます。
このため、葛藤の終わりがあります。
そして葛藤の終わりがあるとき、明白ですが、自由があります。
観念の自由ではなく、事実としての現実の状態での自由です。
そのとき、自由のその状態において、精神はもはやゆがめられておらず、もはや苦しめられておらず、偏見をもたせられておらず、どんな夢想も、どんな幻影も、どんな神秘主義的な概念やヴィジョンも与えられていません。
その精神(マインド)は、はるか遠くに行くことができます。

遠くというのは、時間や空間においてではありません。
なぜなら、自由があるとき、空間と時間はないからです。
私は、"はるか遠く"という言葉を、私たちはそのとき発見できるという意味で使っています——ほんとうは意味がない言葉です。
そのとき、その自由には空っぽの状態があり、どんな神、宗教、書物もあなたに与えられない喜び、至福の状態があります。

そういうわけで、あなたとあなたの妻、隣人、社会との間に、
あなたと他の人々との間に、この関係が確立されないかぎり、
けっして平和がないし、自由がないでしょう。
あなたは、個人としてではなく人間として、
社会を変容させることができます。
それをするのは、社会主義者でも、共産主義者でも、
誰でもありません。
正しい関係とは何かを理解した人だけが——そういう人だけが、
人間が葛藤・抗争なく生きることができる社会をもたらせるのです。

　1966年2月13日、ボンベイ、公開講話第一回（CWK-16, pp.45-47）

私が注意を払っていない瞬間、
思考が連れ出し、イメージをつくり出すのです

[質問者]
　イメージをつくることが終わるには、思考もまた終わらなくてはならないでしょうか？
　一方は、必然的に他方に含まれるのでしょうか？
　イメージづくりの終わりは、ほんとうに愛と真理とは何かを発見しはじめることができる出発点でしょうか？
　あるいは、その終わりが、まさに真理と愛の本質なのでしょうか？

[クリシュナムルティ]
私たちは、精神(マインド)で、思考で、つくり出されるイメージによって、生きています。
これらのイメージは、継続的に付け加えられ、取り去られます。
あなたは、あなた自身のついてのイメージを持っています。
著作家なら、著作家としてのイメージを持っています。
妻や夫なら、それぞれ自分自身のイメージをつくり出しています。
これは子どもの頃から始まります。
比較や暗示をとおして、他の子のようによくなければならない、あるいは、してはならない、しなければならないと言われてです。
それで、次第にこのプロセスが蓄積します。
ですから、私たちの関係においては、
個人的なことでも他のことでも、いつでもイメージがあり、
イメージが存在するかぎり、傷つけられたり害されたりしがちです。
このイメージが、他の人との現実のどんな関係も妨げるのです。

さて、質問者は尋ねます。
「これは終わりうるのでしょうか？それとも永続的に共に生きなくてはならないものなのでしょうか？」と。
そしてまた、尋ねます。
「イメージの終わりに、思考は終わるのでしょうか？

イメージと思考は、相互に関係しあっているのでしょうか？
イメージづくりの装置の終わり、それこそがまさに愛と真理の本質なのでしょうか？」と。

あなたは、自発的に、楽に、何も強制されず、どんな動機ももたず、実際にイメージを終えたことがありますか？
「私は傷つかないよう、私の持っている自分についてのイメージを終わらせないとならない」ということではありません。
一つのイメージを取りあげて、それに入ってください。
そうすると、あなたはイメージづくりの動き全体を発見します。
そのイメージづくりのなかで、恐れ、心配を発見しはじめます。
そこには、孤立の感覚があります。
あなたがもし怯えているとしたら、こう言いましょう。
「知らないことよりも知っていることを保持するほうが、
はるかにいい」と。
けれども、かなり真剣に深く入るなら、
このイメージの作者、一つの特定のイメージではなく全体としてのイメージづくりの作者は、誰なのか、何なのかを問います。
それは、思考でしょうか？
自分自身を身体的に、心理的に保護すること、
それは、自然な応答、自然な反応でしょう。
身体的な保護のための自然な応答は、理解できます。
どのように、食べ物や住みかや衣服を得るか、
どのように乗り物に轢かれるのを避けるか、などです。
それは自然な、健全な、理解力のある応答です。
そこにイメージはありません。
しかしながら、私たちは、一連の出来事、事故、傷、いらだちの結果であるイメージを、心理的に、内的に、生み出してきました。

この心理的なイメージづくりは、思考の活動でしょうか？
自己を保護する身体的な反応に、思考はおそらくあまり立ち入らないことを、私たちは知っています。

しかし、心理的なイメージづくりは、
まさに思考の本質としての絶えず続く不注意の結果です。
思考は、本来不注意です。
注意は、中心を持ちません。
集中の状態におけるように、その点からもう一つの点に行く、
そうした点はありません。
完全な注意があるとき、思考の活動はありません。
思考が生じるのは、不注意な精神(マインド)にだけです。
思考は、物質です。
思考は、記憶の結果です。
記憶は、経験の結果です。
それは、いつも制限され、部分的です。
記憶、知識は、けっして完全になることはできません。
それらはいつも部分的で、このため不注意です。
ですから、注意があるとき、イメージづくりはありません。
葛藤はありません。この事実は、おわかりですね。
あなたが私を侮辱するか、私にお世辞を言うとしても、
私が完全に注意深いとき、それは何ら事実を意味しません。
しかし、私が注意を払っていない瞬間、
本来不注意な思考が連れ出し、イメージをつくり出すのです。

さて、質問者は尋ねます。
「イメージづくりが終わることが、真理と愛の本質でしょうか?」と。
それで充分ではありません。
欲望は愛でしょうか? 楽しみは愛でしょうか?
私たちの生のほとんどは、さまざまな形の楽しみへ方向づけられ
ています。
そして、その楽しみ、性(セックス)などの活動が起こるとき、
私たちはそれを愛と呼びます。
葛藤があるとき、天国の問題、瞑想の問題、男女の問題などで、
精神(マインド)が不具にされているとき、愛はありえるでしょうか?
精神(マインド)が問題のなかで生きているとき、

私たちの精神(マインド)は、ほとんどがそうなのですが、
そこに愛はありえるでしょうか?
心理的だけでなく、生理的にも大きな苦しみがあるとき、
愛はありうるでしょうか?
真理は、結論からなる事柄でしょうか?
真理は、哲学者、神学者、教義や儀式をとても深く信じている人たちの見解からなる事柄でしょうか?
それらは、すべて人がつくったものです。
こんなにも条件づけられている精神(マインド)が、
真理とは何かを知ることができるのでしょうか?
真理は、精神(マインド)がこの混乱すべてから全的(トータル)に自由であるとき、
はじめてありうるのです。

哲学者や他の人たちは、自分自身の生を注意深く見ません。
彼らは、形而上学的世界、心理学的世界へ立ち去るのです。
そこで彼らは執筆を始め、公表し、有名になります。
真理は、身体的、心理的問題を全く持たない精神(マインド)、
葛藤を知らない精神のとてつもない明晰さを必要とする何かです。
葛藤の記憶さえも終わらなければなりません。
記憶の重荷をもって、真理を見つけることはできません。
それは不可能です。
真理は、人が作ったすべてから驚くほど自由である精神(マインド)にだけ、
現れるのです。
それらは、私には言葉ではありません。わかりますか?
それが現実のことでなかったとしたら、話しはしません。
私は、自分自身に不正直になります。
それが事実でなかったなら、私はひどい偽善者になるでしょう。
これは途方もない誠実さを必要とすることなのです。

(QA, pp31-3)

Ⅲ 楽しみと欲望の理解

人は、関係を理解しなくてはなりません。
なぜなら、それが生だからです。
私たちは、何らかの種類の関係なしに存在できません。
たいていの人々がする、自分の周りに壁を築き、
孤立状態に引き込もることは、できないはずです。
保護された、安全な、孤立した抵抗状態のなかで生きる行為は、
さらに多くの混乱、さらに多くの問題、
さらに多くの悲嘆を生み育てるだけだからです。
生を観察すると、
それは、活動においての動き、関係においての動きです。
そしてそれこそが、私たちの問題全体です。
この世界でどのように生きるか?
この世界では、関係がすべての存在の基礎に他なりません。
そこで、関係が単調で鈍く、醜い繰り返しにならないためには、
この世界でどのように生きるかということです。

私たちの精神(マインド)は、楽しみのパターンに従います。
そして生は、明らかに、ただの楽しみではありません。
けれども、私たちは楽しみがほしい。
それこそが、私たちがほんとうに、内的に深く、
ひそかに探し求めている唯一のことです。
私たちは、ほとんどどんなことからでも、楽しみを得ようとします。
観察すると、楽しみは、精神(マインド)を孤立させ混乱させるだけでなく、
また、真実ではなく現実ではない価値をつくり出します。
つまり、楽しみは幻影をもたらすのです。
私たちのほとんどがそうなのですが、
楽しみを探し求めている精神(マインド)は、それ自体を孤立させるだけでなく、

その関係すべてで、常に矛盾する状態にあるにちがいありません。
その関係が、観念や、人々や、資産によるものであったとしても、
いつも葛藤状態にあるにちがいありません。
そこで、理解されなければならないことの一つは、
私たちの生における追求は、
基本的に要求、衝動、楽しみの探求だということです。

さて、これを理解するのは、とても難しいことです。
どうして人は楽しみを持ってはならないのでしょうか？
美しい夕暮れ、すてきな樹、
曲りくねったラインを描く幅広い河、
あるいは美しい顔を見ます。
それを注意深く見ることは、大きな楽しみ、喜びを与えてくれます。
それのどこがよくないことなのでしょうか？

私にはこう思われます。
その顔、その河、その雲、その山が記憶になり、
この記憶が、もっと大きな楽しみの継続を要求するとき、
混乱と悲嘆が始まるからです。
私たちは、こういう楽しみや喜びの繰り返しを望みます。
みな、このことを知っています。
私はある楽しみを得ました。
あなたは何かに喜びを得ました。
そして、その繰り返しを望むのです。
それが、性的なこと、芸術的なこと、知的なことであろうと、
あるいは、特性がはっきりしない何かであろうと、
その繰り返しを望みます。
私は、それこそ楽しみが精神(マインド)を暗くし、
現実ではない虚偽の価値をつくりはじめるところだと考えます。

重要なのは楽しみを理解することであって、
楽しみを取り除こうとすることではありません。

それはあまりにばかげています。
誰も楽しみを取り除くことはできません。
楽しみの本性と構造を理解することは、欠かせないことです。
なぜなら、もし生がただの楽しみにすぎないとしたら、
それが、人の欲することだとしたら、
そのとき、楽しみには、私たちがつくり出す悲惨、混乱、幻影、虚偽の価値が伴います。
このため、明晰さがありません。
私たちが楽しみを探し求めているということは、
生物的と同じく、心理的にも単純な事実です。
そこで私たちは、すべての関係がそれに基礎を置くことを欲します。
ですから、関係が楽しめないとき、矛盾があります。
そこから葛藤、悲嘆、混乱、苦悩が始まるのです。

1965年3月23日、パリ、公開講話第3回（CWK-15, pp.163-4）

楽しみは、知覚したことを思考で継続・育成することです

楽しみの意義と意味は何でしょうか？
あらゆる人が、どんなに犠牲を払ってもそれを探求・追求しています。
楽しみとは、いったい何でしょう？
財産に由来する楽しみ、能力や才能に由来する楽しみ、他の人を支配する楽しみ、政治的、宗教的、経済的に大きな権力を持つ楽しみ、性(セックス)の楽しみ、お金が与えてくれる大きな自由の感覚の楽しみなど、多種多様な楽しみがあります。
楽しみには喜びがあります。
さらに先には、エクスタシーがあります。
何かに歓喜すること、エクスタシーの感覚があります。
「エクスタシー」とは、あなた自身を越えていることです。
喜ぶ自己、はもういません。
自己、つまり私、自我、人格は、すべて全的(トータル)に消えてしまっています。
外側にいるという感覚だけがあります。
それがエクスタシー（忘我）です。
が、エクスタシーは楽しみとどんな関わりもありません。

あなたは何かに歓喜します。
それは、何かとても美しいものを見るとき、自然に生じます。
その瞬間、その一瞬、そこには楽しみも喜びもありません。
あるのは、ただ観察の感覚だけです。
その観察には、自己はありません。
雪におおわれ、壮大さ、荘厳さをそなえた渓谷と山を見るとき、思考はすべて払われます。
あなたの目の前に、その偉大さがあり、歓喜があるのです。
そのとき思考がやって来て、それがどんなにすばらしく、すてきな体験だったかを、記憶として記録します。
その記録、その記憶は育成され、その育成が楽しみになります。
一篇の詩、広がる水面、野原に佇む樹—

何かに美を感じ、偉大さを感じることに思考が干渉するとき、
いつでもそれは記録になります。
けれども、それを見て、記録しないこと、それが重要です。
あなたがそれを、その美しさを記録する瞬間、
その記録そのものが、思考を動かします。
それから、美しさを追求する欲望が起こり、
それが楽しみの追求になります。
美しい女性か男性を見るとしましょう。
それは、即座に頭脳に記録されます。
それから、その記録が思考を動かし、
彼女や彼と交際することや、それに続くすべてを欲するのです。
楽しみは、知覚したことを思考で継続・育成することです。
昨晩か、二週間ほど前か、あなたは性的体験をしたとします。
そのときのことを憶えていて、繰り返すことを欲します。
それが楽しみの要求です。

絶対に必要なものごとだけを記録するのは、可能でしょうか？
必要なものごとというのは、車を運転の仕方、言語の話し方の知識、科学技術の知識、読み書きの知識などです。
けれども、私たちの人間関係、たとえば、男女の関係においては、関係でのあらゆる出来事が記録されます。
そこでは何が起こるのでしょうか？
男性が会社に出かける直前、女性がいらだって口うるさく言ったり、親しく思いやったり、何か意地の悪いことを言ったりします。
それで、こうしたことの記録をとおして彼女のイメージを築き、
彼女は彼についてイメージを築きます—
これは事実に基づくことです。
男女の人間関係や、隣人たちとの人間関係において、
記録とイメージづくりのプロセスがあるのです。
そこで、一方が何か意地の悪いことを言うとき、
注意深くそれに耳を傾け、それを終わらせることです。
それを続けないことです。

すると、まったくイメージづくりがないことがわかるでしょう。
男女の間にイメージづくりがないなら、
その関係は全く違ったものになります。
一つの思考が別の思考に対立する関係は、
関係としていますが、もうありません。
その関係は、実際にはないのです。
それはただの観念です。
楽しみは、思考による継続的な出来事の記録に従います。
思考は楽しみの根源です。
あなたが、何も考えを持たずに、美しいものを見たとき、
—思考は、休止していたでしょう—
でも、思考はこう言います—
「いや、私はその美しいものを所有しなくてはならない」と。
これによって、思考の動き全体が流れ出すのです。

喜びに対する楽しみの関係は、何でしょうか？
喜びは、招かれないのにあなたのところにやってきて、
それがおのずと起こります。
あなたは通りを歩いています。あるいは、バスに座っています。
あるいは、森をさすらい、花や丘、雲や青い空を見ています。
すると突然、大きな喜びのとほうもない感情が起こります。
そのとき、記録が起こり、思考がこう言うのです—
「何とすばらしいことだったのだろう。
私はもっとその喜びを得なくてはならない」と。
こうして喜びが、思考によって楽しみへと加工されます。
ありのままのものごとを見ることです。
ものごとがどうあってほしいか、ではありません。
どんな歪曲もなく正確に見ること、起こっていることを見ることです。

愛とは何でしょうか？
それは楽しみ、つまり思考の動きによる出来事の継続でしょうか？
愛は、思考の動きでしょうか？

愛は、思い出でしょうか？
あることが起こって、その思い出のなかに生き、
終わったことについての思い出を感じ、
それを復活させて、こう言います―
「私たちが一緒にあの樹の下にいたとき、
あれは何とすばらしいことだったのだろう。
あれこそ愛だった」と。
そのすべては、過ぎ去ったことの思い出です。
それは、愛でしょうか？
愛は、性(セックス)の楽しみでしょうか？―
そこには優しさ、思いやりなどがあります―
それは、愛でしょうか？
「そうだ、あるいは、そうでない」ということではありません。
私たちは、人が「これが愛だ」と考えてきた、あらゆることを問うています。
もし愛が楽しみなら、それは過去の思い出に重点をおきます。
したがって、「私」の重要性をもたらします。
―私の楽しみ、私の興奮、私の思い出などです。
それは愛でしょうか？
愛は、欲望でしょうか？
欲望とは何でしょうか？
人は車を欲します。家を欲します。
名声、権力、地位を欲します―
あなたと同じくらい美しく、聡明で、利口で、賢くなりたいなど、
人の欲望は、無際限です。
欲望は明晰さをもたらすでしょうか？
愛と呼ばれていることは、欲望に基づいています。
女性と寝たい、または男性と寝たいという欲望、
彼女を所有したい、支配したい、制御(コントロール)したい―
「彼女は私のものだ。君のものではない」という欲望です。
その所有や支配に由来する楽しみに、愛があるでしょうか？
男性は世界を支配しています。

そして今日では、その支配と闘う女性がいるのです。

欲望とは何でしょうか?
欲望は、明晰さをもたらすでしょうか?
欲望のフィールドで、慈悲は花開くでしょうか?
欲望が、明晰さをもたらさず、慈悲の美しさや偉大さが花開く
フィールドではないとしたら、どのような本分をもつのでしょう?
それは、どのように生じるのでしょう?
あなたが美しい女性、または、美しい男性を見るとします。
まず、知覚・認知(パーセプション)、見ることがあり、
次いで、ふれあうこと(コンタクト)、次いで、感じること(センセーション)が起こり、
それから、感じたことが思考に引き継がれ、
欲望によってイメージになります。
あなたが美しい壺、美しい彫刻を見るとしましょう。
古代のエジプトやギリシャのものなどです。
それをよく見て、それにふれます。
脚を組んで坐る姿の彫刻、その深みを見ます。
それによって感動(センセーション)があります。
何とすばらしいものだろう…その感動から欲望が生じます。
「私の部屋に置けたらいいのに。毎日見て、毎日ふれたい」
そうしたすばらしいものを所有することの誇り、
それが欲望です。
見る、ふれあう、感じる―
そのとき思考が、感じたことを用いて、
所有したい、あるいは所有したくない欲望を育成するのです。

さて、難題が出てきます。
このことに気づいた宗教者は、こう言っています―
「禁欲の誓いをたてなさい。女に目を向けてはならない。
見るとしたら、彼女を姉妹か母親のように扱いなさい。
なぜなら、あなたは神に奉仕しているのだから、
その奉仕には、あなたのエネルギーすべてが必要だ。

その奉仕において、あなたはたいへんな試練に会うことになる。
だから備えなさい、エネルギーを浪費してはいけない」と。
しかしながら、ものごとは沸き立っています。
私たちは、絶えず沸き立っていて、それ自体の充足を欲し、
完成を望む欲望を理解しようとしているのです。

欲望は、動きから生じます―
それは、見ること、ふれあうこと、感じること、
そして、そのイメージに伴う思考、欲望という動きです。
さて、わたしたちが言っていることはこうです―
「見ること、ふれること、感じることは、正常で健全です。
その動きを、そこで終えなさい。
それを、思考に引き継がせ、欲望にさせてはならない」と。
これを理解すること。
そうすれば、欲望への抑圧がなくなることも理解するでしょう。
あなたが美しい家を見るとします。
すてきな窓、空に溶けこむ屋根、厚くて大地の一部のような壁、
よく手入れされた美しい庭など、均整がとれています。
それを注意深く見ると、感動が生じます。
あなたはそれにふれます―
実際にふれはしないかもしれませんが、目でふれます―
大気やハーブ、新たに刈込まれた芝生の香りを嗅ぎます。
そこで終えられないでしょうか?
そこで終えて、こう言うのです…「美しい家だ!」と。
そこには出来事の記録も、「あの家が所有できればなぁ」という
思考もありません―それは欲望であり、欲望の継続なのです。
それを終わらせることは、こんなにも簡単にできるのです。
「簡単に」というのは、
あなたが思考と欲望の本性を理解するなら、ということです。

(WL, pp.167-71)

**欲望を理解するには、
そのの動きを、選ばないで気づいていることです**

欲望は、エネルギーです。
このことが理解されなくてはなりません。
欲望を完全に抑圧し、従わせることはできません。
欲望を強制したり律したりするどんな努力も、
葛藤へと向かわせ、鈍感さをもたらします。
そこで、あらゆる欲望の入り組んだ道すじを熟知し、
理解しなくてはなりません。
欲望の入り組んだ道すじは、
教わることはできず、学ぶこともできません。
あなたが欲望を理解するには、
欲望のその動きを選ばないで気づいていることです。
もし欲望を滅するとしたら、
真実の理解に欠かせない感受性も熱烈さも、
あなたは破壊してしまうでしょう。

(CL-3, p.294)

欲望の根源は何でしょう？

私たちが他の人を愛していると言うとき、その愛には欲望があり、
思考のさまざまな活動による楽しみの投影があります。
私たちはその愛は欲望か、楽しみか、その愛には恐れがあるか、
見出さなくてはなりません。
というのも、恐れがあるとしたら、
憎しみ、嫉妬、心配、所有欲、支配があるにちがいないからです。
関係には美しさがあります。
宇宙(コスモス)全体は、関係のなかでの動きです。
宇宙は、秩序です。
そして、自分自身の内に秩序があるとき、
自分の関係に秩序を得ます。
ですから、私たちの社会には秩序の可能性があるのです。
関係の本性を探究すれば、
秩序を備えることが絶対に必要だとわかります。
そして愛は、その秩序から生じるのです。

美しさとは何でしょう？
今朝の山々には、新雪が見えます—
清らかな、すばらしい光景です。
雪の白に、孤立する黒い樹々が見えます。
私たちの周りの世界を注意深く見ると、感嘆を生じる仕組み、
特殊な美しさをもった驚くべきコンピュータが見えます。
顔の美しさ、絵画の美しさ、詩の美しさが見えます—
あなたは外の世界に美しさを認識するでしょう。
美術館やコンサートに行き、ベートーベンやモーツァルトを聴くとき、
大いなる美しさがあります—
でも、いつも外界にです。
丘に、せせらぎの流れる谷に、
そして早朝の鳥の飛翔に、ツグミの歌声に、美しさがあります。

しかし、美しさは外界だけにあるのでしょうか？
あるいは、美は「私」がないときだけに存在する何かでしょうか？
よく晴れた朝、青空にくっきりときらめく山々に目を向けるとき、
まさにその威厳が、蓄積されたあなた自身の記憶のすべてを、し
ばし追い払います。
外界の美しさ、外界の壮麗さ、山々の威厳と力強さが、
あなたの問題すべてを拭い去ります―
"しばし"ですが、あなたは自分のことを忘れてしまいます。
あなた自身がまったくいないとき、美しさがあります。
しかしながら、私たちは自分のことから自由ではありません。
私たちは自分のことに、自分の重要性や自分の問題に、
自分の苦悩、悲しみ、孤独に関心をもつ自己本位な者です。
絶望的な孤独から、私たちは何かとの一体感がほしいのです。
そこで、観念や信念や人に、とくに人にすがりつきます。
私たちの問題は、すべて依存のなかで生じます。
恐怖は、心理的な依存があるところに始まります。
腐敗は、あなたが何かに縛りつけられているときに始まります。

欲望は、私たちの生でもっとも切迫した、強力な駆動力です。
―私たちは特定のものごとへの欲望ではなく、
欲望自体について話しています。
すべての宗教は、こう言ってきました―
「神に奉仕したいなら、あなたは欲望を服従させ、欲望を消滅させ、
欲望を制御(コントロール)しなければならない」と。
すべての宗教は、こう言ってきました―
「欲望を、思考が創作したイメージに取り替えなさい」と。
キリスト教徒が持っているイメージや、
ヒンドゥー教徒が持っているイメージなどにです。
現実をイメージに代える。
現実のことは欲望です―それが燃えていることです。
そして宗教は、人は他の何かをそれに代えることによって、
その欲望に打ち勝てると考えます。

あるいは、大師、救い主、導師だと考える人に、
あなた自身をゆだねること—またこれも、思考の活動です。
これが、すべての宗教の思考パターンでした。
人は、欲望の動き全体を理解しなくてはなりません。
というのは、それは明らかに愛でも慈悲でもないからです。
愛と慈悲がなくては、瞑想はまったく無意味です。
愛と慈悲は、それら自体の知恵を持っています—
それは、ずる賢い思考の知恵ではありません。
ですから、欲望の本性を理解することが重要です—
生において、なぜ欲望はこれほど重要な役割をはたしてきたか、
それは、どのように明晰さをゆがめるのか、
それは、どのように愛の並はずれた性質を妨げるのか？
それを理解し、抑圧しないこと、
それを制御せず、自分に平和を与えてくれるかもしれないと考える特定の方向に向けようとしないことは重要です。

どうか心（ハート）に留めてください—
語り手はあなたに影響を与えようとしているのではありません。
あるいはガイドし、助けようともしているのでもありません。
私たちは、ともに微妙な入り組んだ道を歩いているのです。
欲望についての真実を見出すには、
私たちはお互いに耳を傾けなくてはまりません。
欲望の重要性、意味、豊かさ、真実を理解するなら、
欲望は生においてまったく異なる価値や活力を持つのです。

欲望を観察するとき、アウトサイダーのように観察しているでしょうか？
あるいは欲望を、生じるままに観察しているでしょうか？
欲望は、自分自身から分離したものではなく、
自分が欲望なのです。
違いがわかりますか？
欲望を観察するとします。
お店のショーウィンドーに自分を楽しませる何かを見つけ、

それを買うという欲望をもちます。
すると、欲望の対象は「私」とは異なります
あるいは、欲望は「私」なので、
欲望を見守る観察者はおらず、欲望の知覚があります。

あなたは「樹」を注意して見ることができます。
「樹」とは、野原に立っているものを認識するための言葉です。
けれどもその言葉が、「樹」そのものでないことは知っています。
同様に、「妻」は、その言葉ではありません。
でも、その言葉を「妻」にしてしまっています。
あなたがこの機微のすべてがわかるかどうか、私は知りません。
言葉がそれそのものではないことは、
初めから明確に理解しなくてはなりません。
欲望という言葉は、反応の背後にある途方もない感情ではありません。
ですから言葉にとらわれないことを、よく見守らなくてはなりません。
また頭脳も、対象から分離した欲望をつくり出すかもしれないことを見るのに、十分活動的でなくてはなりません。
あなたは、言葉はそのものではないことや、
欲望はそれを見守っている観察者から分離していないことに、
気づいているでしょうか？
あなたは、対象は欲望をつくり出すかもしれないが、
欲望は対象から独立していることに気づいているでしょうか？

欲望はどのように花開くのでしょうか？
その背後に、なぜそれほど途方もないエネルギーがあるのでしょう？
欲望の本性を深く理解しないなら、
私たちはいつでも互いに争いにあるでしょう。
あなたはあることを欲するかもしれません。
あなたの妻は、別のことを欲するかもしれません。
そして子どもたちは、何か違うことを欲するかもしれません。
ですから、私たちはいつも互いに言い争っています。
そしてこの闘い、この格闘が、愛、関係と呼ばれるものです。

私たちは、「欲望の根源とは何か？」を尋ねています。
このことにとても誠実で、正直でなければなりません。
というのは、その根を理解しないかぎり、
欲望はとても欺瞞的で、とらえがたいものだからです。
私たちすべてにとって、見る、触れる、味わう、においを嗅ぐ、聞く
といった感覚の反応は重要です。
ある人たちにとっては、
特定の感覚の反応が他の反応よりもっと重要かもしれません。
芸術的な人たちは、ものごとを特別な仕方で見ます。
技術者として訓練されている人たちは、感覚の反応が異なります。
私たちは、けっして感覚の反応すべてを用いて全的(トータル)に観察しません。
それぞれが、いくらか分化され特殊化した反応をします。
では感覚すべてによって、全的に反応することは可能でしょうか？
この重要性を知ることです。
あなたが感覚すべてによって全的に反応するとしたら、
中心化した観察者は消えます。
けれども、特定のものごとに特別の仕方で反応するときには、
分割が始まります。
あなたがこのテントを去るときには、見出すことです。
川の流れの、その即座の水面にきらめく光を見るとき、
あなたの感覚すべてによってそれを見ることができるかどうか、
見出すのです。
「どのようにして？」と、私に尋ねないこと。
なぜなら、機械的になるからです。
そうではなく、全的な感覚反応の理解のなかで、
あなた自身を育成するのです。

あなたが何かを見るとき、その見ることが反応をもたらします。
緑色のシャツ、緑色のドレスを見ます。
見ることが、反応を呼び覚まします。
そのとき接触が起こります。
接触から、思考はそのシャツかドレスを着たあなたのイメージを

生み出します。
そのとき欲望が生じます。
あるいは、道路で車を見ます。
その車は高度に磨きあげられたすてきな輪郭で、
内には十分なパワーを備えています。
それを見て回り、あなたはエンジンを試します。
そのとき思考は、あなたが車に乗り込んでエンジンを始動させ、
〔アクセルを〕踏んで、運転しているイメージをつくり出します。
それで欲望が始まるのです。
欲望の根源は、イメージを生み出している思考です。
その時点まで、欲望はありません。
感覚の反応はありますが、それは正常です。
ですが、そのとき思考がイメージを生み出し、
その瞬間から欲望が始まります。
では、思考が生じてもイメージを生み出さないこと、
それは可能でしょうか？
これは欲望についての学びで、これ自体が修練です。
欲望について学ぶことは修練で、欲望の制御ではありません。
ほんとうに学ぶなら、欲望は終わります。
けれども、欲望は制御しなければならないと言うのなら、
全体的にみて、あなたは全く異なる分野にいます。
欲望のこの動き全体が見えるなら、
イメージを伴う思考が、もう干渉しないことを見出すでしょう。
あなたはただ見て、感覚や興奮(センセーション)を持つでしょう。
これは、どこか間違っているでしょうか？

　1981年7月19日、スイス、ザーネン（NT, pp.44-8）

それは、欲望を全くもたないということではなく、
精神(マインド)はことばにせずに見ることができる、ということです

初めに、いつも欲望自体を制御(コントロール)し、抑圧し、昇華させている精神(マインド)に起こることを見てみましょう。
そうした精神(マインド)は、欲望の抑圧に取り組んでいるので、鈍感になります。
そうした精神(マインド)は、敏感さ、善良さについて話すかもしれません。
あるいは、私たちは兄弟のようでなければならない、すばらしい世界をつくり出さなければならないと話すかもしれません。
他にも、欲望を抑圧する人々が話す無意味なことすべてを言うかもしれません。
そういう精神(マインド)は鈍感です。
なぜなら、自らが抑圧した欲望を理解していないからです。
欲望を抑圧しても、欲望に屈しても、本質的には同じことです。
欲望が、なおもそこにあるからです。
女性、車、地位への欲望を、抑圧するかもしれません。
けれども、これらのものごとを持たないことへの衝動は、
あなたにそれらへの欲望を抑圧させますが—
それ自体、欲望の一つの形です。
あなたは欲望に捕らわれていることを理解しなくてはならず、
そのことを、正しいとも間違っているとも言わないことです。

さて、欲望とは何でしょうか?
風のなかに揺れている樹を見ます。
見守ることはすばらしいことです。
何か間違っているでしょうか?
飛んでいる鳥の美しい姿を見守るのは、何か間違っているでしょうか?
高度に洗練された新車のすばらしい姿を、注意深く見ます。
それは何か間違っているでしょうか?
均整のとれた顔、よいセンス、知性、資質を示す顔のすてきな人物を見ることは、何か間違っているでしょうか?

けれども、欲望はそこで止まりません。
あなたの知覚はただの知覚作用ではなく、感じること(センセーション)を伴います。
感じること(センセーション)に伴って、触れること、接触することを欲します。
そのとき、所有へと駆り立てられる衝動が生じます。
「これはすばらしい！これはぜひ手に入れなくては！」と言って、
欲望の騒動が始まります。
さて、生の美しいことや醜いことを見て、観察し、気づきながら、
「持たなくてはならない」あるいは「持ってはならない」と言わず
にいることは可能でしょうか？
これまでにあなたは、何かをただ観察したことがありますか？
みなさん、わかりますか？
あなたはこれまでに、妻、子ども、友だちをただ観察したこと、
ただよく見たことがありますか？
これまでに、花をバラと呼ばないで、よく見たことがありますか？
それを服のボタン穴に挿したいとか、家に持ちかえって誰かにあげ
たいと思わずにです。
精神(マインド)によって付与された価値をすべてなくして観察できるとしたら、
欲望はそれほど途方もないものではないことを見出すでしょう。
あなたは車に目を向け、その美しさを見て、
欲望の騒動や矛盾に捕らわれないでいることができます。
けれどもその観察は、何気なくちらりと見るようなものではなく、
はかりしれない集中を必要とします。
それは、あなたが欲望をもたないということではありません。
単に、精神(マインド)は言葉で記述せずに見ることができるということです。
精神(マインド)は、「あれは月だ。何と美しいんだ」と直ちに言わずに、
月をよく見ることができます。
ですから、間(あいだ)に入りこんでくる精神(マインド)のおしゃべりはありません。
これができるとしたら、観察の、感情の、本当の愛情の強さのなかで、
愛は、それ自らが行動します。
あなたは、それが欲望の矛盾した行動ではないことを見出すでしょう。
観察するものについてこれを試すとしたら、おしゃべりせずに観察
することが、精神(マインド)にとってどんなにむずかしいかわかるでしょう。

けれども、愛は必ずその本性から生まれます。違いますか？
あなたの精神(マインド)が静かでないなら、
いつも自分自身のことを考えているなら、
どうして愛することができるでしょう？
あなたの精神(マインド)と心(ハート)と身体によって、全存在によって、
ひとりの人を愛することは、たいへんな強さを必要とします。
愛が強いと欲望はすぐに消えます。
しかし私たちのほとんどは、意識的にも無意識的にも、自分の利得を除くどんなことにも、けっしてこの強さを持ったことがありません。
私たちは何についても、欲望を離れた他の何かを求めることがなければ、けっして思いやることはありません。
しかしながら、この強いエネルギーを持つ精神(マインド)だけは、
現実の速い動きに従うことができるのです。
現実は静的ではありません。
それは思考より速く、精神(マインド)はとてもそれを理解できません。
現実を理解するには、保存も育成もできない、このはかりしれないエネルギーがなくてはなりません。
このエネルギーは、自己否定や抑圧を通しては生じません。
それどころか、それは完全な放棄を要求します。
あなたがただ単に結果がほしいだけなら、
自分自身を放棄し、自分の持つすべてを放棄することはできません。
嫉妬や利欲心に、権力、地位の追求に基づいているこの世界で、
嫉妬なしに生きることは可能です。しかしながら、それには思考の、理解の、途方もない強さ、明晰さを必要とします。
あなたは、自分自身を理解することなしに、
嫉妬から自由になることはできません。
出発点は、他のどこかにあるのではなく、ここにあるのです。
あなたが望む何をしようとも、自分自身から始めないかぎり、
けっして悲しみの終わりを見出すことはないでしょう。

1957年2月16日、ボンベイ、公開講話第2回目（CWK-10, pp.245）

欲望を非難したり比較したりするなら、
それに気づいているようになることはできません

さて、欲望を理解することが必要です。
あなたは、欲望をもたないでいるのではなく、
欲望を理解しなくてはなりません。
欲望を殺すと、あなたは無気力になります。
自分の正面の日没に目を向けるとき、
あなたが敏感だとしたら、目を向けることそのものが喜びです。
その喜び—それもまた欲望です。
日没を見て、喜ぶことができないとしたら、
あなたは敏感ではありません。

もし大きな車に乗った金持ちの男性を見て、それを喜ぶことができないとしたら、それをほしいからではなく、大きな車に乗った男を見ることをただ喜ぶことができないとしたら、あなたは敏感ではありません。
あるいは、貧しい、不潔な、汚い、無教育の絶望している人を見て、
大きな哀れみ、愛情、愛を感じることができないとしたら、
あなたは敏感ではありません。
この敏感さと感情がないとしたら、
どのように真実を見つけることができるでしょう？

そこで、あなたは欲望を理解しなくてはなりません。
そして欲望のあらゆる煽動を理解するには、
余白のスペースを持たなければなりません。
そして、あなた自身の思考や記憶によって、
あるいは、欲望をどのように達成するかや消滅するかによって、
スペースを充たそうとしないことです。
そのとき、欲望の理解から愛が出てきます。
私たちのほとんどには、愛がありません。
私たちは、それがどういう意味なのかを知りません。

私たちは、楽しみや苦しみを知っています。
気まぐれな楽しみと、たぶん継続的な苦しみを知っています。
そして、性(セックス)の楽しみ、名声、地位、威信を達成する楽しみ、
禁欲主義者のように自分自身の身体を恐ろしく制御する楽しみ、
成績を保ちつづける楽しみを知っています—
これらすべてを知っています。
私たちは、愛について果てしなく話しています。
けれども、その意味を知りません。
なぜなら、欲望を理解していないからです。
そして欲望こそ、愛の始まりなのです。

愛がなければ、道徳はありません。
社会的あるいは宗教的様式への順応など、様式への順応はあります。
が、愛がなくては、美徳はありません。
愛は、自然に生まれる、真実で、生きているものです。
また美徳は、不断の実践によって生じさせるものではありません。
それは愛に類似する、自然自発的なものです。
美徳は、それに依って美徳を備えた人間として役目を果たします。
記憶ではありません。
あなたに愛がないなら、美徳はありません。
あなたは寺院・神殿に行き、たいへん品行方正な家庭生活を率いるかもしれませんし、社会道徳を持っているかもしれません。
でも、美徳はありません。
なぜなら、心(ハート)が不毛で、空っぽで、鈍く、愚かだからです。
それは、欲望を理解したことがないからです。
このため、生は終わりのない戦場になり、
努力はいつも死に終わります。
なぜなら、それがあなたが知っているすべてだからです。

したがって、欲望を理解しようとする人は、
精神(マインド)と心(ハート)のあらゆる煽動や気分、思考と感情のあらゆる変化を、
理解し、耳を傾け、見守らなくてはなりません。

欲望に敏感に気づいているようにならなくてはなりません。
もしあなたが、欲望を非難したり比較したりするなら、
それに気づいているようになることはできません。
あなたは欲望に気遣わなくてはなりません。
なぜなら、それは途方もない理解を与えてくれるだろうからです。
そして、その理解によって感受性が生じるのです。
そのときあなたは、土に、星々に、
笑顔に、涙になど、物質的な美しさに敏感なだけでなく、
精神(マインド)におけるつぶやきやささやき、
秘密の望みや恐れのすべてにも敏感です。

この耳を傾けること、見守ることによって、情熱(パッション)が生じます。
愛と同類のこの情熱です。
そして、協働できるのは、この状態だけです。
また、協働できるため、いつ協働しないのか知ることができるのもこの状態だけです。
したがって、理解すること、見守ることの深みに依って、
精神(マインド)は有能で明晰になり、生命力、元気に充たされるのです。
はるか彼方へ旅することができるのは、こうした精神(マインド)だけなのです。

1964年1月22日、マドラス、公開講話第4回（CWK-14, pp.99-100)

[質問者] 欲望の愚かさを見ることで、それから自由になるように思えるのですが、欲望は再びやって来るのです。

[クリシュナムルティ]
私は、自由な精神(マインド)には欲望がない、と言ったことはありません。
結局のところ、欲望の何が間違っているのでしょうか？
問題は、欲望が葛藤をつくり出すときに、
所有できないすてきな車がほしいときにやって来ます。
けれども、その車を見ること——そのラインの美しさ、その色、
それが出せる速度などを見ることの何が間違っているのでしょう？
注意深く見る、注視するその欲望が、間違っていますか？
その車を所有したいときには、欲望が強く要求し、
強制的になるだけです。
タバコにせよ、飲酒にせよ、特定の考え方にせよ、
何かのとりこになることは、欲望を内包していることがわかります。
欲望のパターンを急に改める努力も、欲望を内包しています。
それでいて、欲望がまったくない状態に至らなくてはならない
と言います。
自分の狭量さが、生をどのように形づくるのかを見ること！
それによって、生は凡庸なものになり、
未知の恐れと暗いすみっこでいっぱいになるのです。
けれども、私たちが話しているすべてを実際に見て理解するなら、
そのとき欲望は、まったく異なる意味をもつと考えられるのです。

　1961年8月1日、ザーネン、公開講話第4回（CWK-12, p.201）

苦しみへの抵抗、楽しみの追求─
どちらも欲望に継続性を与えます

あなたたちの宗教書や導師たちすべてが言うように、
「あなたは欲望なしにいなくてはならない、
欲望を抑圧しなければならない」と言うのではありません。
そうではなく、一緒にこの欲望の問いを探険しようとしているのです。
宗教的な人々がしてきたように欲望を抑圧するとしたら、
そのときあなたは、自分自身を破壊していて、
自分自身を麻痺させ、鈍感で、鈍く、愚かになります。
彼らのもとでは、美しさ、敏感さは否定されます。
なぜなら、彼らは欲望を抑圧してきたからです。
これに反して、欲望の微妙さ全体、欲望の本性を理解しはじめると、
あなたはけっして欲望を抑圧しないでしょう。
けっして何も抑圧しないでしょう─
これについては、後ほど戻ります。

欲望とは何でしょうか?
あなたが美しい女性や美しい車、身なりのよい男性、すてきな家を見るとき、欲望が生じます。
接触を通して知覚、感じる(センセーション)ことがあり、それから欲望が起こります。
私がすてきなコートを着たあなたを見るとき、
知覚、見ることがあります。
そのコートの仕立てなど引きつける力と感じる(センセーション)ことがあり、
それから、そのコートをほしいという欲望が生じます。
これはとても単純です。

さて、欲望に継続性を与えるのは何でしょう? わかりますか?
欲望がどのように生じるか、私は知っています。
それはかなり単純です。
欲望に継続性を与えるのは何でしょうか?
力を強めて意志になるのは、明らかに欲望の継続性です。

よろしいでしょうか？
そこで、何が欲望に継続性を与えるのかを見出さなくてはなりません。
それを見出すことができると、欲望をどう扱うかがわかります。
私はそれをけっして抑圧しないでしょう。

さて、何が欲望に継続性を与えるのでしょうか？
私は何か美しい、魅力的なものを見ます—
欲望が、刺激され目をさまします。
そこで今、何がそれに活力を与えるのか、何がそれに強さの継続性を与えるのかを、見出さなくてはなりません。
私が欲しいと感じる楽しめるものがあります。
それについて考えることによって、それに継続性を与えます。
人はセックスについて考えます。
それについて考え、それに継続性を与えます。
あるいは、昨日苦しんだこと、悲嘆したことについて考えます—
そうして、あなたはそれにも継続性を与えます。
欲望の生じることは自然で、必然的です。
あなたは欲望を持っていて、反応するにちがいありません。
でなければ、あなたは死んだ存在です。

重要なことは、それに継続性を与えるときと与えないときを、
あなた自身が見ること、見出すことです。
そこで、あなたは思考の構造を理解しなくてはなりません。
思考は欲望に影響し、制御し、形をつくり、継続性を与えます。
よろしいでしょうか？ それは明らかです。
思考は、記憶などに従って機能します—
さて、私たちは今ここに入ることは予定していません。
なので、ただ次のことを指摘するのにとどめます—
欲望は、絶えずそれについて考え、それに継続性を与えることによって、どのように強められるのかについてです。
それは、意志になります。
そしてその意志によって、私たちは操作します。

その意志は、楽しみや苦しみに基づいています。
それが楽しめるなら、それをもっと欲します。
それが苦しいなら、それに抵抗します。
ですから、苦しみへの抵抗、または、楽しみの追求のどちらもが、欲望に継続性を与えます。
このことを理解すると、欲望の抑圧の問題はけっしてありません。
なぜなら、あなたが欲望を抑圧するときには、
病気を鎮圧する場合のように、必然的に他の葛藤をもたらすからです。
あなたは病気を鎮圧することはできません。
それを明らかにしなくてはなりません。
病気をよく調べ、あらゆる種類のことをしなくてはいけません。
けれども、もしあなたが病気を鎮圧するなら、
それは勢力を増し、さらに強力になり、
後からあなたを攻撃するでしょう。
同様に、欲望の本性全体と欲望に継続性を与えるのは何かを理解すると、あなたはどんな状況のもとでもけっして欲望を抑圧しないでしょう。
それは、欲望に耽溺するという意味ではありません。
なぜなら、欲望に耽溺する瞬間、それはそれ自体の苦しみやそれ自体の楽しみをもたらし、あなたは再び悪循環に戻ってしまうからです。

1965年2月14日、ボンベイ、公開講話第2回（CWK-15, pp.59-60）

欲望は、炎のようになるでしょう

私たちは、欲望がどのように生じるのかわかります。
それはまったく単純です。
そこで、何が欲望に継続性を与えるのか見出さなくてはなりません。
それはほんとうに重要な問いです—
欲望がどのように生じるのか、ではありません。
私たちは、欲望がどのように生じるかは知っています。
何か美しいものを見て、それを欲します。
何か醜いこと、苦しいことを見て、
それがすべての種類のことを思い起こさせます。
私はそれを片付けます。
人は欲望が生じるのに気づくようになりますが、何がそれに継続性を与えるのか、何がその継続性に矛盾をもちこむのかと言った問いに、けっして入ったことはありません—
少なくとも私たちのほとんどは、入ったことがないのです。
もし矛盾がなかったとしたら—
それは善と悪、苦しみと楽しみ、充足と葛藤の闘いなどですが—
もし欲望にこの矛盾がなく、欲望に継続性がなかったとしたら、
もしその理解があったとしたら、欲望はまったく異なる意味をもつことになったでしょう。
そのときには、欲望は、脅かされ、滅せられ、窒息させられ、
拒否されるべきものではなく、炎のようになり、
切実さ、美しさ、途方もない感応の資質を持ったことでしょう。

1964年12月23日、ボンベイ、公開講話第3回（CWK-15, p.18）

[質問者]　すべての宗教は、感覚を抑制することの必要性を教えます。感覚は、真理の発見を妨げるものでしょうか？

[クリシュナムルティ]　その問題の真理を見出しましょう。
さまざまな教師たちと書物が言ったことや、
地元の導師があなたの精神(マインド)に植えつけたことに頼らないことです。
私たちは、触覚、聴覚、視覚、味覚、嗅覚といった感覚の、
途方もない敏感さを知っています。
花を徹底的に見て、その色、その繊細な香りと美しさに気づくには、
感覚がなくてはなりません。
トラブルが始まるのは、
あなたが美しい男性か女性、すばらしい車などを見るときです。
そのとき欲望が入ってくるからです。
ゆっくり進みましょう。
美しい車を見ます。
知覚や見ること、感じること(センセーション)があり、ふれあい(コンタクト)があります。
そして最後に、欲望があります。
それこそ、欲望がどのように存在に生じるかです。
欲望はこう言います—
「あの車を所有するのはすばらしい。あの車を持たなくては」と。
それで、その車を買うための金銭を得ることに、
あなたの生とエネルギーを費やすのです。
しかし、宗教はこう言います—
「それはとても悪いことです。世俗的であることは罪悪です。
あなたの感覚は、あなたを迷わせるでしょう。
だから感覚を服従させ、制御しなければならない。
女性に目を向けてはならない。あるいは、男性に目を向けてはならない。
自分を修練しなさい。欲望を昇華させなさい」と。
それで、あなたは感覚を抑圧しはじめるのです—
それは鈍感さの育成になります。
あるいは、身のまわりに醜さ、汚れ、すべての不潔と悲惨を見て、
それらを締め出して言うのです—

「あれは邪悪だ。私は神、真理を見つけなければならない」と。
一方では、感覚を抑圧し、鈍感にし、
他方では、神に敏感になろうとしています。
それであなたの存在全体は、鈍感になっています。
みなさん、わかりますか？
どんな形でも欲望を抑圧するなら、神を探し求めているとしても、
明らかに精神(マインド)は鈍感になります。
ですから、問題は欲望を理解して、そのとりこにならないことです。
それはあなたの身体で、精神(マインド)と心(ハート)で、全的(トータル)に敏感なことを意味します。
すべてに敏感であること、問題はそれです。
美しさと醜さに…
空に、花に、飛んでいる鳥に、水面に沈む夕日に…
あなたをとりまく顔に、偽善に…
あなた自身の幻想の虚偽に…
一方で他のあらゆることを拒否しながら、
真理と美しさに対する敏感さを育成することではありません。
他のあらゆることを拒否することこそ、鈍感さをもたらすのです。

あなたがそれを熟慮するなら、感覚を抑圧することや、荒々しい、
矛盾する、衝突している、悲しみにみちたことに鈍感にすることは──
スワミ(註1)、ヨーギー(註2)、宗教すべてが主張することですが──
存在の深さ、美しさ、栄光全体を拒否することです。
真実を理解するには、完全な感受性がなければなりません。
みなさん、わかりますか？
現実は、あなたの存在全体を要求するのです。
修練をとおして麻痺させられ、鈍感になった精神(マインド)ではなく、
身体と精神(マインド)と心(ハート)による全的人間として、来なくてはなりません。
そのときあなたは、感覚に怯える必要はないことを知るでしょう。
なぜなら、それらをどのように扱うかを知り、
それらがあなたを惑わすことはないだろうからです。
あなたは感覚を理解し、愛し、それら全体の意義がわかるでしょう。
そのときにはもう、抑圧や制御で自分を苦しめることはないでしょう。

みなさん、わかりませんか？
愛は、神聖な愛、夫婦の愛、兄弟のような愛、ではありません。
すべてのラベルをご存じでしょう。
あなた独自の意味を与えなくとも、愛はただ愛です。
あなたが存在全体で花を愛すとき—
「何て美しい」と言って、歩き去るだけということはありません。
あるいは、精神(マインド)と心(ハート)と身体すべてで人をすっかり愛しているとき、
あなたは、欲望がないことを知るでしょう。
このため、葛藤も矛盾もないのを知るでしょう。
矛盾、悲惨、有るものと有るべきものとしての理想との間に葛藤
をつくり出すのは、欲望です。
自分の感覚を抑圧し自分を鈍感にした人は、愛とは何か知りません。
ですから、この先一万年瞑想しても、
神を見い出すことはないでしょう。
存在全体が、あらゆるものごとに—
あなたが神と呼ぶものに対してだけでなく、諸々の感情の深みに、
精神(マインド)の途方もない複雑さのすべてに敏感になってはじめて、
欲望が矛盾となることをやめるのです。
そのときには、全く異なるプロセスが起こります—
それは欲望のプロセスではありません。
愛は、それ自体が永遠で、愛自体の活動を持ちます。

1957年2月6日、ボンベイ、公開講話第十回（CWK-10, pp.235-6）
（註1）スワミ—ヒンドゥー教の教師。
（註2）ヨーギー—ヨーガを実践する人。

欲望にはかまわずに、飛び去らせるか枯れさせる…
それこそ葛藤のない精神の本質です

これまで私たちは、いつも欲望に何かをしてきました。
欲望に正しい経路、正しい傾向、正しい目的を与えてきました。
そして、精神(マインド)は条件づけられ、いつも訓練や教育などをとおし、達成という視点に立って考えます—
そこでもしその精神(マインド)が、欲望をもはやそれ自身から離れたものとして実現しようとしないなら、精神(マインド)が欲望にもはや干渉しないなら、言わせてもらうと、欲望の何が間違っているのでしょう？
そのとき、それは私たちが欲望として知っていたものでしょうか？
みなさんどうぞ、この問いと一緒に進んでください。
私と一緒に来てください。
おわかりのように、私たちはいつも、内的にまたは外的に、充足する、達成する、獲得する、お金持ちになるという視点、忌避するという視点、「もっと」という視点で、欲望について考えてきました。
けれども、欲望のすべてがわかり、それを放棄するとき、これまで欲望と呼んできた感情は、全く異なる意味を持つのではないでしょうか？
そのときには、欲する、自分と同一視するといった反応をしないで、美しい車、すてきな家、すてきな服装を見ることができるのです。

[質問者] それを扱うことをそんなに不可能にするのは、欲望の矛盾です。

[クリシュナムルティ] なぜ矛盾があるのでしょう？
どうぞ、最後までつづけてください。
私は豊かになりたい、力強くなりたい、重要な存在になりたい。
でも、その虚しさがわかります。
あらゆる肩書きなどをもつ偉い人たちでも、ただの何でもない人たちだとわかるからです。
それで矛盾があります。さて、なぜでしょう？

なぜ、異なる方向に引く力があるのでしょう？
なぜ、すべて一つの方向ではないのでしょう？
私の言っている意味に、ついてきていますか？
もし私が政治家になりたいなら、なぜ政治家ではないのでしょう？
なぜそれをつづけないのでしょう？
なぜ、撤退するのでしょう？
それについて、もう少し議論しましょう。

[**質問者**]　私たちは、一つの欲望に自分自身をすっかり任せてしまうと起こるかもしれないことが怖いのです。

[**クリシュナムルティ**]　あなたはこれまでに、自分自身を全的に（トータル）、完全に、何かに任せたことがありますか？

[**質問者**]　一度か二度、数分間あります。

[**クリシュナムルティ**]　完全にその中にいましたか？
たぶん性的にですが、それは別として、いつ自分自身を全的に任せたのか知っていますか？　それをお聞きします。

[**質問者**]　たぶん音楽に聴き入っているときです。

[**クリシュナムルティ**]　見てください。
おもちゃは子どもを没入させます。
子どもにおもちゃを与えます。すると、子どもは完全に幸せです。
落ち着きがないのではなく、それに関わりきりで完全にそこにいます。
それは、何かに自分自身を任せることでしょうか？
政治家、宗教的な人々—
彼らは自分を何かに任せてしまいます。
なぜでしょうか？
それは、権力、地位、威信を意味するからです。
ひとかどの人という観念は、おもちゃのように彼らを没入させます。

あなたが自分を何かと同一視するとき、それは自分を何かに任せることでしょうか？
自分たちを、国、女王、王などと同一視する人々は—
それは、没入の別の形です。
それは、自己を何かに託すことでしょうか？

［質問者］　自己を何かに託すことは、絶えず分裂があるかぎり現実に可能ですか？

［クリシュナムルティ］　そうなのです。まったくそのとおりです。
おわかりのように、私たちは自分を何かに託すことはできません。

［質問者］　自分を誰かに託すことは、可能でしょうか？

［クリシュナムルティ］　私たちは試みます。
自分を夫と、妻と、子どもと、名前と同一視しようとします—
けれども、何が起こるかはあなたのほうがよく知っています。
では、なぜそれについて話すのですか？
いいですか、私たちは話していることから逸脱しています。

［質問者］　欲望は、他の何かに損害を与えないとき、正しくよいものです。

［クリシュナムルティ］　間違っている欲望と正しい欲望があるのでしょうか？
いいですか、あなたは初めに戻ろうとしています。
私たちはたしかに、その全分野を扱いました。
私たちが、どのようにそれを翻訳してきたのかわかりますか？
良い欲望と悪い欲望、価値のある欲望と価値のない欲望、気高い欲望と下劣な欲望、有害な欲望と有益な欲望—
それを深く調べてください。
あなたは、欲望を分割したのではないでしょうか？

まさにその分割こそ、葛藤の原因なのです。
あなたは分割によって葛藤を取り込み、「どのように葛藤を取り除くか」というさらなる問題を取り込みます。
いいですか、みなさん。私たちは今晩、50分間、欲望の重要性をほんとうに見ることができるかどうか知るために話しています。
欲望は、良いものも悪いものも含みますが、
その重要性がほんとうにわかるとき、
葛藤、分割のトータルな意味がわかるとき、
ただ言葉の上でだけでなく充分に理解し、真摯に取り組むとき、
そのときには欲望だけがあります。
けれども、私たちはそれを、「良い、悪い」、「有益、無益」と評価することにこだわります。
私は、はじめに私たちはこの分割を拭い去ることができると考えました。
しかし、それほど簡単ではありません。
それは傾注すること、知覚力、洞察力を必要とします。

[**質問者**] 対象を取り除いて、欲望の本質と留まることは可能でしょうか？

[**クリシュナムルティ**] なぜ対象を取り除かなくてはならないのでしょう？すばらしい車のどこが間違っているのです？
いいですか、あなたは欲望の本質と対象の分割をつくるときに、自分で葛藤をつくり出しています。
欲望の本質の方向づけは、あらゆるときに対象を変えます。
それは悲惨なことです。若いときは、世間がほしいのです。
年をとるにつれて、世間にうんざりするのです。
いいですか、私たちは欲望を理解し、
それによって葛藤を静まらせ、枯れさせようとしていました。
今晩、私たちはこんなに多くのものごとに触れました。
力への衝動―それは、私たちすべてにこれほど強く、
これほどにも埋め込まれています。
また、それは、召使、夫、妻への支配を含んでいます。

そのすべてをご存じですね。
おそらくあなたたちの何人かは、今晩の議論の経過のなかで、このことに入ってきて、精神(マインド)が充足を求めるところには、挫折や欲求不満があり、このため悲惨と葛藤があることを見ました。
まさにそれを見ることこそ、それを止めることです。
おそらくあなたたちの何人かは、言葉についてきただけでなく、充足したい、何かでありたいという感情を内包していることと、その下劣さを理解しました。
政治家は充足を探し求めます。
司祭者もそうします。誰もがそうします。
言わせてもらうと、そのすべてに卑俗さが見えます。
それをほんとうにやめることができるのでしょうか？
そこでもし有毒なものを見るようにそれを見るとしたら、
そのときには、肩からとても大きな重荷を降ろしたようなものです。
あなたは、それから抜け出しています。
ひと弾(はじ)きで、それはなくなります。
あなたは、途方もなく重要なポイントに至るでしょう。
このすべてが、それ自体の意義を持っていますが、
このすべてではなく何か他のもの―
それは欲望や感情と思考を理解した精神(マインド)です。
したがって、それを乗り越えていきます。
あなたは、こういう精神(マインド)の本性がわかりますか？
言葉で記述することではありません。
精神(マインド)は、そのとき高度に敏感で、葛藤はなく、
烈しい反応の能力があり、あらゆる形の要求に敏感です。
こういう精神(マインド)はあらゆる感情と思考を越えていて、
その活動はもはやいわゆる欲望の分野(フィールド)にはありません。
私が懸念するのは、これは私たちのほとんどにとって、
欲し望まれ、生み出されるたくさんのあぶくのような状態です。
けれども、あなたはその方法やどんな手段によっても、
それに至ることはできません。

ほんとうにこのすべてを理解するとき、
それは存在に生じます。
ですから、あなたは何ひとつしなくていいのです。
よろしいでしょうか―?
あなたが話されていることを、誤解しないとして―
欲望を放っておき、飛び去らせるか枯れさせることができたら、
ただそれを放っておく…
それこそ、葛藤のない精神(マインド)のまさに本質なのです。

　1961年5月16日、ロンドン、公開講話第7回（CWK-12, pp.150-3）

愛と欲望と情熱は同じものだとわかるでしょう―
もしひとつを消滅するなら、その他も消滅します

私たちは、欲望を理解しなければなりません。
それほど生命力があり、それほど多くを要求し、それほどしきりに催促するものを理解することは、とても困難です。
なぜなら、まさに欲望の充足のなかで、
楽しみと苦しみとともに、情熱が生じるからです。
欲望を理解するには、明らかに選択があってはなりません。
あなたは、欲望を「良い、悪い」、「気高い、下劣な」と判断したり、「私はこの欲望は保ち、あの欲望は拒否しよう」と言うことはできません。
欲望の真相を見出すのなら―
その美しさ、醜さ、あるいは、それがどんなものだとしても―
すべて脇に置かなくてはなりません。
それを熟慮することは、とても好奇心をそそることです。
西洋では、多くの欲望を充足できます。
あなたたちは、車、繁栄、よりよい健康、読書により知識を取得する能力、さまざまな種類の経験を蓄積する能力を持っています。
ところが、東洋に行くと、今もなお衣食住を欲しています。
今もなお、貧困による悲惨と退廃に捕らえられています。
けれども欲望は、東洋と同じく西洋でも、いつでもあらゆる方向に、外側に、内深くに、燃えています。
世間を放棄する人は、繁栄を追い求める人と同じように、神を追い求める自らの欲望によってそこなわれます。
それはいつでもそこにあり、燃え、それ自体矛盾し、
騒動、心配、罪、絶望をつくり出しているのです。

私は、あなたがそれを実験したことがあるか、知りません。
しかし、欲望を非難せず、それを良い、悪いと判断せずに、ただ気づいているなら、何が起こるでしょう？
何かに「気づいている」とはどういう意味か、知っていますか？

私たちのほとんどは「気づいていません」。
なぜなら、私たちは非難すること、判断すること、評価すること、
同一視すること、選択することなどが、慣習になっているからです。
選択は、明らかに「気づき」を妨げます。
なぜなら、選択はいつも葛藤の結果つくられるからです。
部屋に入るとき気づいていること…
すべての家具やカーペットのあり様…
あるいは、それがない様子などを見ること…
ただ見ること――
どんな判断の感覚もなく、そのすべてに気づいていること…
とても難しいことです。
これまでにあなたは、一人の人、一つの花…
一つの観念、一つの感情を、
どんな選択もどんな判断もなしに、
注意して見ることを試みたことがありますか?
そして、欲望によって同じことをして欲望とともに生きるなら…
欲望を拒否するのでなく…
「私はこの欲望をどう扱おう? この欲望はこんなに醜く、奔放で、
暴力的だ」と言うのでもなく…
欲望に名前やシンボルを与えず、言葉で包み込むこともなく…
そのとき欲望は、依然として騒動の原因でしょうか?
そのとき欲望は、かたづけ、消滅すべきものでしょうか?
私たちは欲望を消滅したいのです。
なぜなら、一つの欲望が、葛藤、悲惨、矛盾をつくり出し、
別のものに対抗して悩ませるからです。
そこで、この永遠につづく葛藤からどう逃避しようとするのか、
見ることができます。

さて、人は欲望の全体性に気づくことができるでしょうか?
私のいう全体性とは、ただ一つの欲望でも多くの欲望でもなく、
欲望それ自体の全体の質という意味です。
欲望についての意見、言葉、判断、選択がないとき、

はじめて欲望の全体性に気づくことができるのです。
その生じるままに、あらゆる欲望に気づくこと——
自己自身を欲望と同一視したり、欲望を非難したりしないこと——
そのとき、その鋭敏さの状態のなかでそれは欲望でしょうか？
それは必要な炎、あるいは、情熱(パッション)でしょうか？
情熱(パッション)という言葉は、一般に一つのことに用いられています。
それは、性(セックス)です。
けれども私にとっては、情熱(パッション)は性(セックス)ではありません。
どんなものとでも真実に生きるには、
情熱(パッション)、烈しさを持たなくてはなりません——
充実して生きるには、山や樹をよく見るには、人間を本当によく見るには、情熱的な烈しさを持たなくてはなりません。
しかしあなたが、さまざまな衝動、要求、矛盾、恐れによって行動を拘束されているとき、その情熱、その炎は拒否されます。
煙に覆われて窒息するとき、どうやって炎が生存できるでしょう？
私たちの生は、煙を除いたものです。
私たちは、炎を探しています。
けれども、欲望とされるものを形づくり、抑圧し、制御することによって、それを拒否しているのです。
情熱(パッション)がないのに、どのように美しさがありうるのでしょう？
私のいうのは、絵画、写真、建物、描かれた女性、その他すべての美しさを意味するのではありません。
それらにはそれ自体の形の美しさがありますが、私たちは表面的な美しさの話をしているのではありません。
人間によって組み立てられたもの、たとえば大聖堂、寺院や神殿、絵画、詩、あるいは彫像のようなものは、美しいかもしれないし、そうでないかもしれません。
しかしながら、もし情熱(パッション)がないとしたら気づくことも、理解することも知ることもない、感情と思考を超える美しさがあります。
ですから、情熱(パッション)という言葉を誤解しないでください。
それは、醜い言葉ではありません。
それは、市場で買えるものでも、ロマンチックに話し合えるもの

でもありません。
それは、感情や情緒とどんな関わりも持ちません。
それは、品行方正な尊敬すべきことではありません。
それは、どんな虚偽をも消滅する炎です。
そして、私たちはいつも、その炎に私たちのいとおしむものごと、
重要だとするものごとを滅ぼされることを、とても恐れています。

結局、私たちが現在指揮する生は、必要や欲望、欲望の制御の仕方にもとづいて、自分自身をさらに浅薄に、空っぽにします。
私たちはとても利口で、とても学識があり、
集めたことを繰り返すことができるかもしれません。
しかしながら、電子機器はすでにそれを行っており、
ある分野では機械は人より有能で、計算はもっと正確で速いのです。
ですから、私たちはいつも同じことに戻ってきます―
つまり、今私たちが生きる生はとても皮相で、
狭く、制限されているということです。
なぜなら私たちは、奥深くでは空っぽで、孤独で、
いつもそれを覆い隠し、空虚さを充たそうとしているからです。
したがって、必要、欲望は、恐ろしいことになります。
内面の深い空虚さを充たせるものが、何もないのです―
神も救い主も、知識も、関係も、子どもも夫も妻も充たせない―
充たせるものは、何もありません。
しかし、精神、頭脳、あなたの存在全体が、
それを注意して見ることができます。
それとともに生きることができるとしたら、そのときには、
心理的に、内的に、何も必要としないことがわかるでしょう。
それが真実の自由です。

しかしながら、それはとても深い洞察、深遠な探究、
絶え間ない見守りを必要とします。
そこからおそらく、私たちは愛とは何かを知るでしょう。
執着、嫉妬、羨望、野心があり、愛という言葉に伴う見せかけば

かりがあるとき、どうして愛がありえるでしょう?
そのとき、私たちがあの空虚さを通過したとしたら—
神話でも、観念でもなく、現実のこととしてです—
私たちは、愛と欲望と情熱は同じものだとわかるでしょう。
もしひとつを消滅するなら、
その他も消滅します。
もしひとつを腐敗させるとしたら、
美しさも腐敗させるのです。
このすべての要件に入るには、
無執着な精神(マインド)ではなく、
献身的な精神(マインド)や宗教的な精神(マインド)ではなく、
探究する精神(マインド)を必要とします。
それは、けっして満足しない、
いつも自分自身を注意深く見て、見守って、
観察し、自分自身をわかっている精神(マインド)です。
愛がないとしたら、
あなたは真実とは何かをけっして見出さないでしょう。

1961年9月12日、パリ、公開講話第4回(CWK-12, pp.244-6)

Ⅳ 性は、なぜ問題になってしまったのか？

[質問者] 私たちは、性(セックス)は身体的、心理的に必要な、逃避できないものだとわかっています。それは、私たちの世代の混沌とする個人的な生の根本原因だと思われます。この問題はどのように扱えばいいのでしょう？

[クリシュナムルティ]
触れるものを何でも問題に変えてしまうのは、なぜでしょうね？
私たちは神を問題にしてきました。
愛を問題にしてきました。
関係、生きることを問題にしてきました。
そして、性(セックス)を問題にしてきました。
なぜ？
なぜ、私たちがするあらゆることが、問題、恐怖なのでしょう？
私たちは、なぜ苦しんでいるのでしょう？
性(セックス)は、なぜ問題になっているのでしょう？
なぜ問題を抱えて生きることに服従するのでしょう？
なぜそれらを終わりにしないのでしょう？
来る日も来る日も、来る年も来る年も、それらを持ち運ぶ代わりに、なぜ問題に対して無関心にならないのでしょう？
性(セックス)はたしかに、関連する問いです。
けれども、根本の問いがあります——
「なぜ、生を問題あるものにするのか？」という問いです。
働くこと、性(セックス)、お金を稼ぐこと、
考えること、感じること、経験すること——
わかりますね、生存のためにやる事全体です。
なぜそれが問題なのでしょうか？
それは本質的ではないのでは？　というのは、私たちはいつも特定

の視点から、固定した視点から考えるからです。
私たちはいつも中心から周辺に向かって考えるのですが、
自分たちのほとんどにとって周辺が中心です。
ですから、私たちが触れることは表面的なのです。
しかし、生は表面的ではありません。
それは完全に生きることを要求します。
私たちは表面的に生きているので、表面的反応だけを知っています。
私たちが周辺ですることは何でも、必然的に問題をつくり出すにちがいありません。
それが私たちの生です。
私たちは表面的なことのなかに生きています。
表面の問題すべてと、そこで生きることに満足しています。
ですが、周辺で表面的なことに生き、周辺に存在する「私」とその感じることに生きるかぎり、問題は存在するのです。
それは、外面化されることも、主格化されることもありえます。
それは、天地万物、国、あるいは精神(マインド)によってつくり上げられた何か他のものと同一視されることもありえます。
私たちが精神(マインド)の分野に生きているかぎり、
複雑化があり、問題があるにちがいありません。
それが、私たちの知っているすべてです。
精神(マインド)は感じること、感じたことと反応したことの蓄積の結果です。
そして、それが触れるどんなことも、
必ず、悲惨、混乱、終わりのない問題をつくり出します。
問題のほんとうの原因は、精神(マインド)です。
精神(マインド)は、昼も夜も機械的に、意識的・無意識的に働いています。
精神(マインド)は、とても表面的なものです。
私たちは、精神(マインド)を育成することに、精神(マインド)をますます利口にすることに、ますます微細に、ますますずる賢く、不正直に歪めることに、私たちの生全体を費やし、幾世代もを費やしてきました。
そのすべては、生のあらゆる活動で明らかです。
まさに精神(マインド)の本性が不正直で、歪んでいて、
事実に向き合う能力がないということです。

それこそ、問題をつくり出す当のものです。
それこそ、問題自体の当のものです。

さて、性(セックス)の問題とは、何を意味するのでしょうか？
行為でしょうか？
あるいは、行為についての思考でしょうか？
たしかに、それは行為ではありません。
食べることがあなたにとって問題でないのと同じく、性的な行為はあなたにとって問題ではありません。
しかしあなたが、何も他に考えることがないということで、食べることや他の何かについて一日中考えるとしたら、それはあなたにとって問題になります。
性的な行為が問題でしょうか？
あるいは、問題はその行為についての思考でしょうか？
あなたはなぜそれについて考えるのでしょうか？
なぜ思考を築き上げるのでしょう？
―あなたは明らかにそうしています。
映画、雑誌、物語、女性たちの服装の着こなし方、あらゆることが、性(セックス)についての思考を築き上げています。
精神(マインド)は、なぜ性(セックス)の思考を築き上げるのでしょう？
精神(マインド)は、一体なぜ性(セックス)について考えるのでしょう？
なぜでしょうか？
なぜ生の中心的な主題になっているのでしょう？
あなたの注意を呼びかけ、要求する、こんなに多くのものごとがあるとき、あなたは性(セックス)の思考に完全な注意を向けます。
何が起こるのでしょう？
あなたの精神(マインド)は、なぜ性(セックス)にこんなに占拠されているのでしょう？
それが究極の逃避の道だから、ではないでしょうか？
それは、完全な自己忘却の道です。
しばらくの間、少なくともその瞬間、自己を忘れられます―
そして、自己を忘れる他の道はないのです。
あなたの生の他のあらゆることは、「私」や自己を強調します。

あなたの仕事、あなたの宗教、あなたの神、あなたの指導者—
あなたの政治的・経済的な活動、逃避、社会的な活動—
一つの党派に加わり別の党派を拒絶すること—
そのすべてが、「私」を強調し、「私」に強さを与えます。
そこのところに、「私」に強調を置かない唯一の行為があります。
だから、それが問題になるのではないでしょうか?
ほんの数秒間だけでも、自己の完全な忘却への究極の逃避への進路であるただ一つのことがあなたの生にあるとき、
あなたはそれにすがりつきます。
なぜなら、それが唯一の幸せな瞬間だからです。
その他のあなたが触れるあらゆる結末は、悪夢になります。
苦しみと痛みのもとになります。
それで、あなたは完全な自己忘却を与えてくれる、
あなたが幸せと呼ぶ唯一のことにすがりつくのです。
けれども、あなたがすがりつくとき、それも悪夢になります。
なぜなら、そのときあなたは、それから自由になりたいし、
その虜(とりこ)になりたくないからです。
そこで、再び精神(マインド)から純潔の観念、禁欲の観念を考案します。
そして、抑圧をとおして、禁欲であろう、純潔であろうとします。
そのすべては、自らを事実から切り離す精神(マインド)の操作です。
これは再び何かになろうとしている「私」に、特定の強調を与えます。
あなたは再び労苦に、困難に、努力に、痛みに捕われます。
その問題について考える精神(マインド)を理解しないかぎり、性(セックス)は途方もなく難しい、複雑な問題になります。
行為自体はけっして問題であるわけではありません。
ですが、行為についての思考が問題をつくり出すのです。
あなたはその行為を保護し、だらしなく生きるか、結婚生活に耽溺し、それによって妻を娼婦にします。
見たところ、すべてとても体裁よく見え、あなたはそうしておくことに満足しています。
たしかに問題は、あなたが「私」と「私の」の—
私の妻、私の子ども、私の資産、私の車、私の達成、私の成功等の—

プロセスと構造全体を理解してはじめて、解決できるのです。
あなたがそのすべてを理解して解消するまで、
性(セックス)は問題としてとどまるでしょう。
政治的、宗教的な、あるいはどんな点でも野心があるかぎり、
自己、思考者、経験者の野心を養い、強調するかぎり、
個人としての自分の名前においてでも、国、党派、宗教と呼ばれる観念の名においてでも自己拡大の活動があるかぎり、
性的な問題をかかえるでしょう。

あなたは一方では、自己を創造し、養い、拡大しています。
他方では、一瞬だけでも自己を忘れ、自己をなくそうとしています。
その二つが、どのように共存できるでしょう？
あなたの生は矛盾しています—
それは、「私」を強調することと、「私」を忘れること。
性(セックス)は問題ではありません。
問題は、あなたの生におけるこの矛盾です。
矛盾は精神(マインド)によって橋渡しはできません。
なぜなら、精神(マインド)自体が矛盾だからです。
あなたが日々の存在のプロセス全体を充分に理解するときに、
はじめて矛盾が理解できるのです。
映画に行って、スクリーンに女性たちを見ること—
思考を刺激する本を読むこと、半裸の写真の載る雑誌を見ること—
女性たちのあなたへの視線、あなたの眼を捕える密かなまなざし—
これらのことすべてが、うねりくねった道をとおして、精神(マインド)に自己を強調するよう勧めています。
同時に、あなたは親切で、愛情があり、優しくあろうとします。
けれども、二つが相伴うことはできません。
霊的に、または、その他に野心的である人は、
けっして問題なしにいられません。
なぜなら、問題は、自己を忘れ去ってはじめて、
「私」が存在しないときにはじめて、終わるからです。
自己の存在しないその状態は、意志の行為ではありません。

それは、たんなる反応ではありません。
性(セックス)は反応になります。
精神(マインド)がその問題を解決しようとするときには、
問題をもっと混乱させ、もっと困難に、もっと苦痛にするだけです。
行為が問題なのではありません。
自分は純潔でなければならないと言う精神(マインド)が、問題なのです。
精神(マインド)は、それ自体の活動を抑圧できるだけです。
抑圧は、純潔ではありません。
純潔は、精神(マインド)に依存しません。
純潔は、美徳ではありません。
純潔は、育成できません。
謙虚さを育成する人間は、もちろん謙虚な人間ではありません。
彼は、自分の誇りは謙虚さだというかもしれません。
しかし、彼は誇り高い人ですから、謙虚になろうとするのです。
誇りはけっして謙虚になれません。
そして純潔は精神(マインド)によるものではありません—
ですから、あなたは純潔になることはできないのです。
愛があるとき、はじめてあなたは純潔を知るでしょう。
愛は精神(マインド)に由来せず、精神(マインド)でできたものでもありません。
したがって、性の問題は、世界中でこんなに多くの人々を苦しめていますが、精神(マインド)を理解するまでは解消できません。

私たちは、考えることを終わりにすることはできません。
しかし、思考者が終わるなら、思考は終わりに至ります。
そのプロセス全体を理解するとき、はじめて思考者は終わるのです。
思考者とその思考の間に分裂があるとき、恐れが生じます。
そして思考者がないとき、はじめて思考に葛藤がなくなります。
暗黙のうちのことは、理解するための努力は必要ないということです。
思考者は、思考をとおして生じます。
そのとき思考者は、思考を形づくるため、制御するため、あるいは、それらを終わりにするために努力します。
思考者というのは、虚構の実体、精神(マインド)の幻影です。

思考による悟りが事実としてあるとき、
そのとき、その事実について考える必要はありません。
単純な、選択のない気づきがあるなら、
そのとき、事実に内包されることが、それ自体を開示しはじめます。
したがって、事実としての思考は終わるのです。
そのときあなたは、心と精神を蝕んでいる問題、
社会的構造の問題を解消できることがわかるでしょう。
そのとき性は、もはや問題ではありません。
性には、適切な持ち場があります。
それは不浄なことでも、清浄なことでもありません。
性には、その持ち場があります。
しかし、精神が性に支配的な持ち場を与えると、問題になります。
精神は、性に支配的な持ち場を与えます。
なぜなら、精神は何らかの幸福なしには生きられないからです。
それで、性は問題になります。
そして、精神が自らのプロセス全体を理解して終焉に至るとき、
すなわち考えることが止むとき、そのときには創造があります。
それこそ、私たちを幸せにする創造です。
その創造の状態にあることは、至福です。
なぜなら、それはその中に、自己からのような反応がない自己忘却だからです。
これは、日々の性の問題に対する抽象的な答えではなく──
これこそが、ただ一つの答えです。
精神は愛を否定します。
そして愛なしに純潔はありません。
あなたが性を問題にするのは、愛がないからです。

(FLF, pp.227-31)

あなたの心(ハート)に愛がないとき…

あなたの心(ハート)に愛がないとき、
ただ一つ残されたことがあります―
それは楽しみです。
そして、その楽しみは性(セックス)です。
したがって、それは山のように巨大な問題になります。
それを解消するには、それを理解しなくてはなりません。
それを理解するとき、あなたは精神(マインド)を自由にしはじめます。

　　1955年12月25日、ニューデリー、公開講話第4回（CWK-17, p.130）

性(セックス)には、その行為だけでなく、多くのことが包含されています

性(セックス)とは何でしょう?
それは、その行為でしょうか?
それをめぐるすべての楽しいイメージ、思考、記憶でしょうか?
あるいは、それは単なる生物的なことでしょうか?
それを損なわず、その言葉を使ってさしつかえないとしたら—
愛があるとき、性(セックス)の記憶、映像、興奮、必要があるでしょうか?
私は、身体的、生物的事実を理解しなくてはならないと考えます。
それが、一つのことです。
自分を他の人に任せるロマンチックな空想、興奮、感情のすべて—
関係における自分と他人との同一視、密接な関わりの感覚や満足—
そのすべてが、もう一つの別のことです。
私たちがほんとうに欲望や必要に関心をもつとき、性はどれほど
深く役割をはたすでしょうか?
それは生物的な必要と同じく、心理的な必要でもあるでしょうか?
身体的な必要と心理的な必要の違いを区別するには、
とても明晰な鋭い精神(マインド)、頭脳を必要とします。

性(セックス)には、その行為だけではなく、多くのことが包含されています。
他の人や、密接な関わりや、子どもたちで自分を忘れる願望—
子どもや妻や夫を通して、不滅性を見つけようとすること、
嫉妬、執着、恐れのすべての問題、
すべての苦悶を抱えながら、自分を他の人に任せる感覚、
そのすべてが愛でしょうか?
もし自分の意識の暗い奥底で、
必要を、根本的に奥深く完全に理解することがないとしたら、
性、愛、そして欲望は、生において大混乱を演じるのです。

1961年9月12日、パリ、公開講話第4回(CWK-12, p.247)

ほとんどの人々が関心をもつのは、情欲の情熱(パッション)です

[クリシュナムルティ]　思考は、その本性において区別するものです。
楽しみを探し求め、それを保持するのは思考です。
欲望を育てるのは、思考です。

[質問者]　欲望にもう少し入ってもらえますか？

[クリシュナムルティ]
ある家を見ること、それはすてきだと感じることがあります。
そのとき、それを所有したい、楽しみを得たい欲望があります。
そのとき、それを得ようとする努力があります。
このすべてによって、中心が構成されます。
この中心が、分離の原因です。
この中心は「私（a 'me'）」という感じ(フィーリング)です—
それが分離の原因です。
なぜなら、この「私」という感じ(フィーリング)こそが、分離の感じ(フィーリング)だからです。
これを自我(エゴ)や他のあらゆる種類の名で呼びます—
「より高い自己(ハイアーセルフ)」という観念に対する「より低い自己(ロアーセルフ)」などです—
それは複雑なものである必要はありません。
それはとても単純です。
中心があるところ—
そこには「私」という感じ(フィーリング)があり、
その活動によってそれ自身を孤立させます—
そして、そこには分割と抵抗があります。
このすべては、思考のプロセスです。
したがって、あなたが愛とは何かと尋ねるとき、
それはこの中心に依っていません。
愛は楽しみと苦しみではありません。
憎しみでも、どんな形の暴力でもありません。

[質問者]　それで、あなたが話すこの愛には、欲望はありえないので、性(セックス)はありえないのですか？

[クリシュナムルティ]　どうか、どんな結論にも至らないでください。
私たちは、究明し、探険しています。
結論や仮定は、どんなものでも、さらなる探究を妨げます。
この問いに答えるには、さらに思考のエネルギーを注意して見なくてはなりません。
私たちが話したように、思考は楽しかったことについて考え、イメージ、映像を育てることによって楽しみを持続します。
思考は楽しみを発生させます。
性的行為について考えることは、情欲になります。
それは、性(セックス)の行為とはまったく異なります。
ほとんどの人々が関心をもつのは、情欲の情熱(パッション)です。
性(セックス)の前後の渇望は、情欲です。
渇望は思考で、思考は愛ではありません。

[質問者]　この思考の欲望なしに、性(セックス)はありうるのでしょうか？

[クリシュナムルティ]　あなた自身が見出さなくてはなりません。
性(セックス)は、生において、途方もなく重要な役割をはたします。
おそらく私たちが得る、ただ一つの深い直(じか)の経験だからです。
知的に、情動的に、私たちは順応し、模倣し、従います。
性行為の間を除くと、私たちの関係すべてに苦痛と闘争があります。
性行為は、こんなにも独特の美しいものなので、私たちは中毒になり、それが今度は束縛になります。
束縛とは、その継続の要求で、再び、分離的な中心の行動になります。
人は、知的にも、家族のなかでも、共同体のなかでも、社会道徳や宗教的な裁可をとおして、こんなにも囲いこまれています。
このため、自由と烈しさのあるただ一つの関係だけが
残されているのです。
このため、私たちは途方もない重要性をそれに与えるのです。

しかし、もしまわり中に自由があったなら、そうした渇望やそうした問題にはならないでしょう。
私たちが性(セックス)を問題にするのです。
なぜなら、それを十分得られないから、あるいは、それを得ることに罪悪を感じるから、あるいは、それを得るなかで社会が定めた規則を破るからです。
新しい社会を性的放任主義と呼ぶのは、古い社会です。
なぜなら、新しい社会にとって、性(セックス)は生の一部だからです。
精神(マインド)を、模倣、権威、順応、宗教的規定の束縛から自由にするなか、性(セックス)にはそれ自体の持ち場があります。
それはすべてを消費しつくしはしないでしょう。
これによって、自由は愛にとって本質的だとわかります。
反逆の自由ではなく、好きなことをする自由でもなく—
渇望に公然と、あるいは密かに耽溺する自由でもなく—
むしろ、中心の構造と本性の全体の理解に入ってくる自由です。
そのときには、自由は愛です。

[質問者] では、自由は放縦ではないのですね？

[クリシュナムルティ] 違います。放縦は束縛です。
愛は憎しみではなく、嫉妬でもなく、野心でもなく—
失敗の恐れをともなった競争的な精神(マインド)でもありません。
それは神の愛でも、人の愛でもありません。それはまたもや分離です。
愛は、一人にも多くの人たちにも依っていません。
愛があるとき、それは対象があって、ない—
私的であって、非私的です。
それは、花の香りに似ています。
花の香りは、一人でも、多くの人たちでも嗅ぐことができます。
重要なことは、香りです。
誰に属しているか、ではありません。

(SPKR-2, pp.238-40)

愛があるとき、性はけっして問題ではありません

若いときには、私たちは強い性的衝動を持っています。
私たちのほとんどは、これら欲望を、修練し、制御することによって対処しようとします。
なぜなら、ある種の抑制がなければ、私たちは燃え尽きてみだらになるだろうと考えるからです。
組織された諸宗教は、性的な道徳に大いに関心をもちます。
けれども、彼らは私たちが愛国主義の名において暴行や殺害を犯し、羨望と巧みな非情さに耽溺し、権力と成功の追求を許します。
なぜ、特定の道徳に関心をもたなくてはならないのでしょう?
なぜ、搾取、貪欲、戦争を非難しないのでしょう?
それは、組織された諸宗教が私たちがつくり出してきた環境の一部で、それら宗教の存在が、まさに私たちの恐れと希望、羨望と分離主義に依存している、ということではないでしょうか?
それで、他のあらゆる分野と同じように、宗教の分野においても、精神(マインド)は、自らの欲望の投影にとらわれているのです。
欲望のプロセス全体の深い理解がないかぎり、東洋でも西洋でも、今存在する結婚制度は、性的問題に対する答えを提供できません。
愛は、結婚の契約への署名によって誘導されることはなく、また満足感の交換や相互の安全と慰めに基づくものでもありません。
これらものごとすべては、精神(マインド)に依っています。
ですから、愛は、私たちの生でこんなに小さな場所を占めるのです。
愛は精神(マインド)に依っていません。それは、ずるい計算、自己防衛的な要求と反応をもった思考から完全に独立しています。
愛があるとき、性(セックス)はけっして問題ではありません——
問題をつくり出すのは、愛の欠如です。
問題は、精神(マインド)の妨げと精神(マインド)の逃避によって構成されます。
性(セックス)や他の特殊な主題によってではありません。
だからこそ、精神(マインド)のプロセス、その魅力と嫌悪、その美しさと醜さへの反応を理解することが重要なのです。

(ESL, pp.17-18)

愛する人は、性的(セクシャル)であっても純粋(ピュア)です

それは、知的で、知識に充ちた人です。
知識は知恵と異なります—
そうした人は、もくろみを持ち、世の中の救済を欲し、思考や頭脳活動でいっぱいです。
性(セックス)にすっかり捕らわれるのは、そうした人です。
なぜなら、その生は浅薄で、心(ハート)は空っぽなので、
性(セックス)が重要になるからです。
そして、それが現在の文明に起こっていることです。
私たちは、自分の知力を過剰に育ててきたのです。
そして精神(マインド)は、自らが創造した物に捕らわれています—
たとえば、ラジオ、自動車、機械化された娯楽、技術的な知識、精神(マインド)が耽溺するさまざまな中毒などにです。
こうした精神(マインド)が捕らわれているとき、ただ一つの解放があります。
それが性(セックス)です。
皆さん、一人ひとりの内に起こっていることをよく見てください。
他の誰かを注意して見ないで、あなた自身の生を調べることです。
そうすると、自分がどのようにこの問題に捕らわれているか、
自分の生がどれほど途方もなく空っぽなのかわかるでしょう。
皆さん、あなたの生はいったい何でしょう？
利口で、不毛で、空っぽで、鈍く、退屈なものではないでしょうか？
あなたたちはオフィスに行き、仕事をします。
マントラを繰り返し、供養(プージャ)を行ないます。
会社では、屈従させられ、鈍く—
毎日の決まった仕事に従わなくてはなりません。
あなたは、あなたの宗教のなかで機械的になっています。
それは、たんなる権威の受容です。
そこで宗教的にですが、実業世界において、あなたの教育において、あなたの日々の生において、現実に起こっていることは何でしょうか？
創造的な存在の状態がないのではないでしょうか？

あなたは幸せではありません。
いきいきしていないし、喜びにあふれてもいません。
知的に、宗教的に、経済的に、社会的に、政治的に─
あなたは鈍く、統制されているのではありませんか？
この統制は、あなた自身の恐れ、希望、欲求不満の結果です。
このように捕らわれている人間に解放がないので、
当然のことですが、解放のため性(セックス)に目を向けるのです─
そこであなたは耽溺できるし、幸せを探求できるのです。
ですから、性(セックス)は自動的で習慣的な、毎日の決まったことになり、
それはまた、あなたを鈍らせる、悪いプロセスになるのです。
それに注目し、それを避けようとせず、それを免除しようとしない、
それが現実のあなたの生です。
現実の事実は、あなたは創造的ではないということです。
あなたたちは赤ん坊を─それも無数の赤ん坊を─持つかもしれません。
でもそれは、創造的な行為ではありません。
それは、存在の偶然的な行為です。

さて、鋭敏でない、活力がない精神(マインド)で、愛情が深くない、
充ちていない心(ハート)が、どのようにして創造的でありえるでしょうか？
創造的でないので、あなたは性(セックス)をとおして、娯楽、映画、演劇をとおして、他の人たちが演じるのを見ながら
観客にとどまり、刺激を探し求めます─
他の人たちは光景を絵に描いたり、踊ったりします。
そしてあなた自身は、ただの傍観者にすぎません。
それは創造ではありません。
同じように、世界中でとても多くの書物が印刷されています。
それは、あなたたちがただ読むだけだからです。
あなたは創造する人ではありません。
創造がないところでは、唯一の解放は、性(セックス)をとおしてです。
そのときには、あなたは妻や夫を娼婦や男娼にします。
皆さん、あなたたちは、このすべてに内包されていること、邪悪さ、
残酷さを全くわかっていません。

あなたがくつろげないのは、私にはわかります。
あなたはそれを考え抜いていません。
あなたは自分の精神(マインド)を閉ざしています。
だから性(セックス)は、現代文明の非常に大きな問題になったのです―
それは、乱交や、結婚による性的解放の機械的習慣化の問題です。
創造的な存在の状態がないかぎり、性は問題のままでしょう。
あなたたちは出産コントロールをするかもしれません。
さまざまな避妊の方法を用いるかもしれません。
しかし、性(セックス)から自由ではありません。
昇華は、自由ではありません。
抑圧は、自由ではありません。
制御は、自由ではありません。
慈愛があってはじめて―
愛があってはじめて、自由があるのです。
愛は純粋です。
それが失われているとき、性(セックス)の昇華をとおして純粋になろうとする試みは、全く愚かです。
純粋にする要因は愛です―
純粋になりたいあなたの願望ではありません。
愛する人は、性的であっても純粋です。
そして愛がなければ、生において性(セックス)は、毎日決まって繰り返すこと、醜い操作、控えること、無視すること、終わりにすること、あるいは、耽溺することなど、今あるとおりのことです。

1948年8月8日、バンガロール、公開講話第六回（CWK-5, pp.55-6）
(註)インドの人口爆発への言及。後の産児制限への言及は、これを受けてのもの。

性的なことを拒否するなら、眼を閉じなくてはならない…
そして、何も注視してはならない

[クリシュナムルティ]
あなたのいう性的な感情とは、どういうことですか？ 女性をよく見ることですか？
生物的な衝動すべてですか？
だとすると、樹をよく見ること、
それもまた性的なことではないでしょうか？
とても美しい花をよく見ること、
それもまた官能性の一つの形ではありませんか？ 違いますか？

[質問者]　そうです。

[クリシュナムルティ]
ほとんどの宗教が拒否してきたように、性的なことを拒否するなら、
あなたは自分の眼を閉じ、舌を切り、眼をえぐり出し、
けっして何も見てはいけません。
笑わないでください。
これはいずれにしても、あなたたちがしていることです。
なぜなら、美しさにまったく気づいていないからです。
あなたにとって、美しさは女性または男性と関連しています。
ですから、世界のシャンカラ(注1)のような人たちは言ったのです—
「霊的でありたいなら、女と何の関わりも持ってはいけません」と。
それであなたは、地上の美しさ全体を拒否するのです。

あなたはこれまでに、立ち止まって樹をよく見たり、
花をよく見たりしたことがあるでしょうか？
これまでに、美しい女性や男性に目を向け—
「あなたから何かを得たい」と言わなかったでしょうか？
丘、樹々、花々、顔、微笑みなど—
何かの美しさをただよく見たことがあるでしょうか？

なかったのです。
だからあなたは、愛とは何か、
美しさとは何かを知らないのです。
あなたが知っているすべては—
「してはならない」と「しなければならない」だけです。
それで、心と精神を飢えさせてきたのです—
あなたたちは干涸らびた人間です。
微笑んで、それを受け入れつづけていくのです。
だから皆さん、何はさておき、まずは非難しないことです。
そうすれば、愛とは何かを知るでしょう。

　1967年11月9日、インド、リシ・ヴァレー

[質問者]　情熱(パッション)とは何でしょう？

[クリシュナムルティ]　私たちは、強い欲望(lust)と情熱(passion)は、二つの異なることであると明らかにすべきだと考えます。
強い欲望は、思考によって維持され、思考によって駆り立てられます。思考によって成長し、実体を集めて終には性的に爆発します。あるいは、強い欲望が力を求めるものなら、それ自体の暴力による実現の形によって爆発します。
情熱は、全く異なることです。
それは思考の産物ではなく、過去の大事件の思い出でもありません。
それは、実現の動機で駆り立てられることはありません。
また、それは悲しみでもありません。

[質問者]　性的な情熱は、すべて情欲ですか？
性的な反応は、いつも思考の結果ではありません。
それは、ふいに誰かと出会い、その人の愛らしさがあなたを圧倒するときのような触れ合いかもしれません。

[クリシュナムルティ]　思考が楽しみのイメージを築き上げるところならどこでも、それは必然的に情熱の自由ではなく、
強い欲望であるにちがいありません。
楽しみが主な動力なら、それは強い欲望です。
性的な感情が楽しみから生まれるとき、それは情欲です。
それが愛から生まれるなら、そのとき大きな歓喜が存在していようとも、それは情欲ではありません。
ここで愛は楽しみと喜びを排除するかどうかを、自分自身で明晰に見出さなくてはなりません。
雲を見て、その広大さとその輝きに歓喜するとき─
もちろん楽しみはありますが、楽しみよりもっと多くがあります。
私たちは、これを非難しているのではありません。
あなたが思考において、あるいは、現実において、雲に戻りつづけるなら、想像力ゆたかな空想の飛翔に耽溺しています。

ここでは明らかに、楽しみと思考が操作する動機です。
あなたが初めてその雲に目を向け、その美しさに遭遇したとき、そうした楽しみを操作する動機はまったくなかったのです。
性(セックス)における美しさは、「私（the 'me'）―自我」の不在です。
しかし、性(セックス)についての思考は自我の確認で、それが楽しみです。
自我は、いつでも楽しみを探し求めているか、苦しみを避けているか、どちらかです。
充足を求め、それによって欲求不満を招いているのです。
このすべてで、情熱の感情は、思考によって持続され追求されます。
したがって、それはもう情熱ではなく楽しみです。
記憶した情熱についての希望や追求は、楽しみです。

[質問者]　それでは、情熱自体は何でしょうか？

[クリシュナムルティ]　それは、喜びと忘我の感動(エクスタシー)に関わっていなくてはなりません―それは、楽しみではないのです。
楽しみにはいつも、微妙な形の努力があります―
それを保とう、得ようと探し求めること、励む(註)こと、要求すること、格闘することなどです。
情熱には、達成についてのほんの少しの幻影すらなく、したがって、欲求不満も苦悩もありえません。
情熱は、「私」からの自由です―
その「私」は、達成と苦悩のすべての中心です。
情熱は、要求しません。なぜなら、それは在るからです。
私は、静止したものについて話しているのではありません。
情熱は、そこに「あなた」と「私」がない素朴な自己放棄です。
したがって、情熱は生の本質(エッセンス)です。
動き、生きるのは、これなのです。
しかし、思考が持つことと占有することによる問題すべてを持ち込むとき、情熱はやむのです。
情熱がなければ、創造は可能ではありません。

[質問者]　あなたのいう創造とは、どういう意味でしょうか？

[クリシュナムルティ]　自由です。

[質問者]　どんな自由ですか？

[クリシュナムルティ]
環境に依存する、環境の産物である「私」からの自由—
社会と思考で統一された「私」からの自由です。
この自由は明晰です。過去から照らされることのない光です。
情熱は、ただ現在だけのものです。

[質問者]　このことは、不思議な新しい感情で私を燃え立たせました。

[クリシュナムルティ]　それが学びの情熱です。

[質問者]　この情熱が燃えて働くことを確実にするのは、日々の生活におけるどのような特定の行動によるのでしょうか？

[クリシュナムルティ]　学ぶことに関する注意の外に、それを確実にすることはないでしょう。
それは、今の行為です。
この中には、情熱の美しさがあります。
それは「私」と私の時の、全的(トータル)な放棄です。

　（SPKR-2, pp.296-8）
　（註）原著では a seeing「見ること」とあるが、他の原著：Second Penguin Krishnamurti Reader では a seeking とあり、後者に従う。

愛があるとき、性的行為にはまったく異なる意義があります

性的な要求に聡明に出会い、それを問題に変えないこと—
それは、どのように可能でしょうか？
まず、私たちのいう性(セックス)とはどういう意味でしょうか？
純粋に身体的な行為ですか？
それとも、その行為を刺激し、興奮させ、進める思考ですか？
性(セックス)は、たしかに精神(マインド)に依っています。
精神(マインド)に依っているから、充足を求めるにちがいなく、あるいは、欲求不満が生じます。
このテーマに神経質にならないでください。
あなたたちは、とても緊張していますね…わかりました。
それなら、それを何か他のテーマとして話しあいましょう。
そんなに心配そうに当惑しないで！
このテーマを、単純に、直接扱いましょう。
テーマが複雑であるほど、より明晰な思考が要求されます。
より単純に、直接にアプローチしなくてはなりません。
私たちの生において、性(セックス)がこうした問題になってしまったのは、なぜでしょうか？ 気がねなく、心配や恐れなく、非難することなく、この問いに入りましょう。
なぜ、問題になったのでしょうか？
たしかに、あなたたちのほとんどにとって、それは問題です。
なぜですか？
たぶん、自分自身に「それがなぜ問題なのか」尋ねたことが全くないのです。一緒に見出しましょう。
性は問題です。なぜなら、その行為に自己の完全な不在があるように思われたからです。
その瞬間、あなたは幸せです。
なぜなら、自己意識、「私 (the 'me')」、の停止があるからです。
それをもっと欲すること—
過去や未来のない完全に幸せな自己放棄をもっと多く欲すること、

充分な融合、統合をとおして、完全な幸せを要求することが、当然、もっとも重要なことになります。
そうではありませんか？
それは純粋な喜び、完全な自己忘却を与えてくれるものですから、私はもっともっと多く、それをほしいのです。
さて、私はなぜもっと多く、それをほしいのでしょうか？
なぜなら他のところではどこでも葛藤状態にあり、他のところではどこでも、存在の異なるレベルすべてで自己を強めるからです。
経済的、社会的、宗教的に、絶え間なく自己意識を厚くしつづけること—それが葛藤を生じます。
結局のところ、葛藤があってはじめて、自己意識を厚くします。
自己意識はまさに、その本性において葛藤の結果です。
それで、他のどこでも私たちは葛藤状態にあるのです。
資産による、人々による、観念による私たちの関係すべてに、葛藤、苦痛、格闘、悲惨があります。
しかしこの一つの行為には、すべての完全な停止があります。
当然ですが、あなたはもっと多くそれをほしい。
なぜなら、それは幸せを与えてくれるが、
他のすべては、悲惨、騒動、葛藤、混乱、敵対、
悩み、破壊へと導くからです。
したがって、性的な行為は最も意義深く、最も重要になるのです。

たしかに問題は性ではなく、どのように自己から自由であるかです。
あなたは自己がない存在の状態を、数秒だけとしても、一巨だけとしても、あなたが願うものを味わっています。
そして、自己があるところには、葛藤、悲惨、闘争があります。
ですから、自己から自由な状態への不変の憧れがもっと多くあります。
しかしながら、中心の問題は、異なるレベルでの葛藤と、どのように自己を放棄するかなのです。
あなたは幸せを探し求めています—
葛藤すべてをともないながら、自己がない状態をです—
一瞬、あなたはそれをその行為のなかで見つけます。

あるいは、あなたは自己を修練します。格闘します。制御します。抑圧をとおして自己を破壊さえします―
それは、葛藤の終止にともなって喜びがあるから、葛藤から自由になることを求めているという意味です。
葛藤からの自由がありえるとしたら、存在の異なるレベルすべてで幸せがあります。

葛藤を促すのは、何でしょうか？
仕事において、関係において、教えにおいて、あらゆることにおいて、葛藤はどのように生じるのでしょう？
あなたが詩を書くときにも、歌うときや絵を描くときにも、葛藤があります。
この葛藤は、どのように生じるのでしょう？
それは、何かになりたい欲望をとおして生じるのではないでしょうか？
あなたは絵を描きます。
色彩をとおして自己を表現したいのです。
最良の画家になりたいのです。
あなたは研究し、悩み―
世の中が自分の絵画に喝采することを望みます。
しかし、「もっと〔それ以上〕」になりたい願望があるところには、どこでも、葛藤があるにちがいありません。
「もっと」を要求するのは、心理的な衝動です。
「もっと」への必要は心理的です。
「もっと」への衝動は、霊魂、精神(マインド)が或る目的、結果になろうとしているとき、探し求め、追求しているとき、存在します。
あなたが偉大な魂になりたいとき、聖者になりたいとき―
理解したいとき、美徳を実践しているとき―
あなたが「上位の」実体としての階級意識があるとき―
自己を高める機能を助長するとき―
これらすべては、明らかになろうとしている精神(マインド)を示しています。
ゆえに、「もっと」は葛藤です。
「もっと」を探し求めている精神(マインド)は、けっして在るものを意識し

てはいません。それはいつも「もっと」に生きています—
けっして在るものにでなく、なりたいものに生きているのです。
あなたがその葛藤の内容全体を解明するまで、性(セックス)をとおした自己
の解放は、おぞましい問題のままであるでしょう。

みなさん、自己は、客観的な実体ではありません—
それは、顕微鏡のもとに研究できたり、書物をとおして学べたり、
引用がどれほど重みがあっても、
引用をとおして理解できるものではないのです。
それは、関係のなかでだけ理解できます。
結局のところ、葛藤は、資産についてであっても、
観念についてであっても、
あなたの妻についてであっても、隣人についてであっても、
関係のなかにあるのです。
その根本的な葛藤を解決せずに、性(セックス)をとおしての解放だけに取り
すがることは、明らかにバランスを欠いています。
それが全く、私たちのあるがままです。
私たちはバランスがとれていません。
なぜなら、性(セックス)を一つの逃避の手段にしてしまったからです。
そして社会、いわゆる現代文化は、私たちがそうするのを助けます。
広告、映画、挑発的な身振り、ポーズ、外見を見てください—
あなたたちのほとんどは、かなり若かったとき、
生物的な衝動がとても強かったときに結婚しました。
あなたは、妻または夫を伴侶に迎えたので、妻または夫とともに、
残りの人生をしっかり生きなければなりません。
あなたたちの関係はたんに身体的なので、
他のあらゆるものごとは、それに合わせて調整しなくてはなりません。
そこで、何が起こるでしょう？
あなたは知的で、おそらくですが、彼女はとても情動的です。
彼女との親交はどこにあるのでしょう？
あるいは、彼女はとても現実的で、あなたは夢見がちで、漠然とし、
どちらかというと無頓着です。

あなたと彼女の触れ合いはどこにあるのでしょう？
あなたは性欲が過剰で、彼女はそうではないとして—
あなたは権利を持つということで彼女を利用します。
あなたが彼女を利用するとき、あなたと彼女の間に、どうして親交がありえるでしょう？
私たちの結婚は、今、その観念に、その衝動に基づいています。
しかし、結婚にはますます多くの矛盾と大きな葛藤があります。
このため多くの離婚があるのです。

ですから、この問題は、知性的な取り扱いを必要とします—
それは、教育の基礎全体を変えなければならないということです。
それは、生の事実だけでなく、私たちの毎日の存在も理解することを要求します—
生物的な衝動、性的な衝動を知ること、理解することだけでなく、知恵によってそれをどのように扱えばいいかっかることも要求します。
けれども、私たちは、今それをしません。
それは隠されているテーマです。
壁の背後についてだけ話す、秘密のことです。

衝動がとても強く、他の何かにかかわりがないとき、
私たちは残りの人生の連れ添いを得ます。
自分自身と他の人にしてきたことを振り返ってください。
知識人は、感傷的な人や、鈍感な人や、教育されていない人と、どのように出会い、親交できるでしょうか？
そのとき、性的なことを除いて、どんな親交があるでしょう？
このすべてにおける難しさは、性的な衝動、生物的な衝動は、
一定の社会的規則を必要とするということではないでしょうか？
このため、あなたたちは婚姻法を持っています。
あなたたちには、自分に楽しみ、安全さ、快適さを与えてくれるものを所有するあらゆる手段があります。
しかし、不断に楽しみを与えてくれるものは、精神(マインド)を鈍くします。
不断の苦しみは精神(マインド)を鈍くするように、不断の楽しみは精神(マインド)と心(ハート)

を萎れさせます。
そして、あなたはどうして愛を持てるでしょうか？
たしかに、愛は精神(マインド)のものではありません。
愛は、たんに性的な行為だけではありません。
愛は、精神(マインド)がとてもことばに表すことのできないものです。
愛は、系統立てて説くことのできないものです。
愛なしにあなたは関係づけられ、愛なしに結婚します。
その結婚において、あなたたちはたがいに「自己を適応させます」。
すてきな文句ですね！あなたたちは、たがいに自己を適応させるのです—
これは、またしても知的なプロセスではありませんか？
彼女はあなたの情熱にさらわれて結婚したのですが、あなたは醜い１個の肉体です。
彼女は、あなたと生活しなくてはなりません。
彼女は、その家、その環境、そのいまわしさ、あなたの野蛮さが好きではありません。しかし彼女は言うのです—
「はい、私は結婚しています。それを耐えなくてはなりません」と。
そこで、自己防衛の手段として彼女は従います。
ほどなく彼女は、「あなたを愛しています」というようになります。
いいですか、安全への願望をとおして私たちが何か醜いものに耐えるとき、その醜いものが美しくなるように思えるのです。
なぜなら、それが自己防衛の一つの形だからです—
そうでなくては、私たちは傷つくかもしれません。
まったく破壊されるかもしれません。
こうして醜く、いまわしかったことが、次第に美しくなったことがわかります。
この適応、適応のすべては、明らかに精神(マインド)のプロセスです。
しかし、たしかに、愛は適応の能力がありません。
わかりますか、みなさん。
あなたが他の人を愛するとしたら、「適応」はありません。
ただ完全な融合だけがあります。
愛がないときにはじめて、適応しはじめるのです。

そして、この適応が結婚と呼ばれます。
なので、結婚は失敗します。
なぜなら、それこそ葛藤の本源で、二人の間での闘いだからです。
それは、すべての問題と同じように、途方もなく複雑な問題ですが、欲望、衝動がとても強力だからなおさらです。
自己を適応させているだけの精神(マインド)は、けっして純潔ではありえません。
性(セックス)をとおして幸せを探し求める精神(マインド)は、けっして純潔ではありえません。
その行為のなかで、一瞬、自己放棄、自己忘却があるかもしれませんが、精神(マインド)に依る幸せの追求そのものが、精神(マインド)をみだらにします。
純潔は、愛のあるところに限って、存在に入ります。
愛がなければ、純潔はありません。
愛は育成されるものではありません。
完全な自己忘却があるとき、はじめて、愛があるのです。
その愛の祝福を受けるには、関係の理解をとおして自由にならなくてはなりません。
そのとき、愛があるとき、性的な行為にはまったく異なる意義があります。
その行為は逃避ではなく、習慣ではありません。
愛は、理想ではありません。愛は、存在の状態です。
生成があるところには、愛は存在できません。
愛があるところであってはじめて、純潔、清らかさがあります。
けれども、生成変化している精神(マインド)、または純潔になることを試みている精神(マインド)には、愛はありません。

1949年2月20日、バナーラス、公開講話第5回（CWK-5, PP.216-18）

V 純潔について

その朝は曇って寒く、河は色あせて銀色でした。
木の葉は埃をかぶり、その薄い層があらゆるところにありました。
部屋のなかに、ベランダに、椅子の上に―
寒くなっていました。
ヒマラヤでは、大雪が降ったにちがいありません。
北からの風が、刺すように感じられました。
鳥たちさえ、気づいていました。
しかし、その朝、河には独自の奇妙な動きがありました。
風で波立っているとは見えず、殆ど動きがないように見えました。
水すべてが持つように見える、時のない特質を持っていました。
どんなに美しかったか！
人々がそれを聖なる河としたことに、何の驚きもありません。
ベランダに坐り、果てしなく瞑想的に見守ることができました。
あなたは白昼夢を見ていたのではなく、
あなたの思考はどの方向にもなく、全く不在でした。
河面に当たる光を見守っていると、
どういうわけか、自己を失ったかように思えました。
眼を閉じると、祝福に充ちた虚空への浸透がありました。
これは至福でした。

その朝、再び彼はある若い男性と来ました。
以前に、修練や聖典、伝統の権威について話をした僧侶です。
彼の顔は、さっぱりと洗ったばかりで、衣もそうでした。
若い男性は、幾分神経質に見えました。
たぶん彼の導師(ゲル)の僧侶と来たのでしょう。
初めに僧侶が話すのを待っていました。

彼は河に視線を向けましたが、他のことを考えていました。
まもなく、そのサンニャーシ（注）が言いました—
「再び来ましたが、今回は、愛と官能について話をするためです。
私たちは、純潔の誓いをたてており、感覚の問題を抱えています。
誓いはただ、私たちの制御不可能な欲望に抵抗する手段です。
私は今は老人なので、もう欲望に身を焦がすことはありません。
誓いをたてる前は結婚しておりましたが、妻は死にました。
それで私は家を出て、苦悶と辛抱できない生物的な衝動との期間を経ました。私は昼も夜もそれらと闘いました。
それは、寂しさ、欲求不満、狂気の恐れ、神経症的な噴出でいっぱいの、とても困難な時でした。
今でも、あえてそれについてあまり考えずにいます。
そしてこの若い男性は、私とともに来ました—
それは、彼が同じ問題を通っていると考えるからです。
彼は私がしたように、世間をあきらめて、清貧と純潔の誓いをたてたいのです。私は彼に何週間も話しました。
そこで、私たちがあなたと性と愛の問題を話し合うことができたら、価値があるのではないかと考えたわけです。
まったく率直に話しても、気にされないようお願いいたします」

私たちがこの事柄に関わるのなら、初めに提案させていただきたいのは、地位や態度や原理から検討しはじめないということです。
というのは、あなたが探険するのを妨げるからです。
あなたが性に反対するなら、または、それは生にとって必要で、生きることの一部だと主張するなら、そうしたどんな前提も、ほんとうの知覚を妨げるでしょう。
私たちはどんな結論も捨てて、自由に見て、調べるべきです。

今、雨の滴が落ちてきました。
鳥たちは静かになってしまいました。
大雨が降ろうとしていたからです。
木の葉はふたたび新緑になり、光と色に充ちるでしょう。

雨の匂いがあり、土地には嵐の前の不思議な静けさがありました。

では、私たちには二つの問題、愛と性(セックス)があります。
一方は、抽象的な観念です。
他方は、日々の現実の生物的欲求―存在する拒否できない事実です。
初めに、愛とは何かを見出しましょう―
抽象的観念としてではなく、それが現実に何なのかをです。
それは何なのでしょう？
たんに思考によって楽しみとして育成された、感覚的喜びでしょうか？
大いなる歓喜や性的な喜びを与えた体験の思い出でしょうか？
それは、日没の美しさ、見たり触れたりする繊細な葉の美しさ、あるいは、花のよい香りでしょうか？
愛は楽しみでしょうか？ それとも、欲望でしょうか？
それとも、これらのどれでもないのでしょうか？
愛は神聖なものと世俗のものに分割すべきでしょうか？
あるいは、それは分割不可能で、全体的で、思考によって壊されることのないものでしょうか？
それは対象なしに存在するのでしょうか？
あるいは、それはただ対象のために生じるのでしょうか？
あなたに愛が生じるのは、あなたが女性の顔を見るからでしょうか？
そのとき、愛は、感じること、欲望、楽しみであり、それに思考が継続性を与えます。
あるいは、愛は、優しさとして美に感応する内的状態でしょうか？
愛は思考に育成されたものであるため、その対象が重要になるのでしょうか？ あるいは、愛は思考にまったく関わりがないので、独立した自由なものなのでしょうか？
この言葉とその背後の意味の理解がないとしたら、私たちは苦悶し、性(セックス)について神経症になる、あるいはその虜になったりするでしょう。

愛は思考によって断片に砕かれるべきものではありません。
非個人的、個人的、感覚的、霊的、私の国とあなたの国、私の神とあなたの神として、思考が断片に砕くとき―

そのとき、もはや愛ではありません。
そのとき、それは何か全然異なったもの—
すなわち、記憶、宣伝、便宜、慰めなどの産物です。

性(セックス)は思考の産物でしょうか？
性(セックス)—そのなかに含まれる楽しみ、歓喜、仲間の交流、優しさ—は、思考によって強められた思い出でしょうか？
性的な行為には、自己忘却、自己放棄—恐れ、心配、生の悩みの存在しない感覚—があります。
あなたは優しさと自己忘却のこの状態を憶え、思い出し、次の機会までその繰り返しを求めながら、そのままの思考をめぐらすのです。
これは優しさでしょうか？
それとも、たんに過ぎ去ったこと、あなたがくり返しをとおして再び捉えたいと望むことの回想でしょうか？
どれほど楽しめるとしても、何かのくり返しというのは破壊的なプロセスではないでしょうか？

若者は、突然、話し始めました。
「あなたが言われたように、性(セックス)は生物的な衝動です。
これが破壊的であるなら、食べることも同じく破壊的ではないでしょうか？ これもまた生物的な衝動ですから」
もし空腹のときに食べるなら、それは一つのでき事です。
もし空腹で、思考が「私はこの種類の食べ物、あるいは、あの種類の食べ物を味わわなければならない」と言うなら、それは思考です。
破壊的なくり返しとは、これです。
「あなたは空腹のように、性(セックス)において何が生物的な衝動か、貪欲のように何が心理的な要求かを、どのように知るのですか？」と若者は尋ねました。

なぜ、生物的衝動と心理的要求とを分割するのでしょう？
さらに、もう一つの問いがあります—まったく異なる問いです。
なぜ性を、山の美しさや花の愛らしさを見ることから分離するので

すか？ なぜ一方に途方もない重要さを与え、他方を全く放置するのですか？
「あなたが話していることのように思いますが、性(セックス)が愛とまったく異なることであるなら、性について何かをすることが、そもそも必要でしょうか？」と若者は尋ねました。
私たちは、愛と性は分離したことだと言ったことは決してありません。
私たちは、愛は全体的で砕かれるべきではなく、思考はまさにその本性から断片的だといいました。
思考が支配するとき、明らかに愛はありません。
一般的に、人は思考の性は知っています。
おそらく、知っているだけでしょう―
それは楽しみを嚙みしめ、反芻することの繰り返しです。
そこで、私たちは尋ねなくてはなりません―
思考や欲望に依らない、他の種類の性(セックス)があるのでしょうか？

サンニャーシは静かな注意のもとに、このすべてに耳を傾けました。
そして、彼はこう語ります―
「私はそれに抵抗してきました。
それに逆らって誓いをたててきました。
なぜなら、伝統によって、理性によって、宗教的献身の生のためにエネルギーを持たなくてはならないとわかったからです。
しかし今、抵抗に多くのエネルギーを要したことがわかります。
私は、抵抗にさらに多くの時間を費やしてきました。
これまでに性自体に浪費してきたより、抵抗にもっと多くのエネルギーを浪費してきました。
それで、あなたのいう、どんな種類の葛藤もエネルギーの浪費だということを、今、理解します。
葛藤と格闘は、女性の顔を見るより、おそらく性(セックス)自体より、はるかに命取りです」

欲望なしに、楽しみなしに、愛があるでしょうか？
欲望なしに、楽しみなしに、性(セックス)があるでしょうか？

思考が入りこまない全体的な愛があるでしょうか？
性は過去のものでしょうか？または毎回新しいものでしょうか？
思考は明らかに古いため、私たちはいつも　古いものと新しいものを対比させます。
私たちは古いものからの問いを問います。
古いものの見地に立って、答えを欲します。
そこで、思考のメカニズム全体が働かない性があるかと問うとき、それは、私たちが古いものから踏み出してはいないという意味ではないでしょうか？
私たちは、古いものによってとても条件づけられているので、
そのため新しいことへの道を感じないのです。
私たちは、愛は全体的でいつも新しいと言いました―
古いものに対立してではなく、新しいのです。
対立してでは、再び古いものだからです。
欲望なしに性（セックス）があるという主張は、まったく価値がありません。
しかし、あなたが思考の意味全体を辿ってきたとしたら、
おそらく他方〔愛〕に出会うでしょう。
けれども、どんな代価を払っても楽しみを得なければならないと
要求するなら、そのとき愛は存在しないでしょう。

若者は言いました。
「あなたが話された生物的な衝動は、正確にはそういう要求です。
それは思考と異なっているかもしれませんが、それが思考を発生させるからです」。
「たぶん、私は若い友人に答えられるでしょう」
サンニャーシは言いました。
「というのは、私はこのすべてを通ってきたからです。
私は何年もの間、女性に目を向けないように自己を訓練してきました。
私は、生物的な要求を無情に制御してきました。
生物的な欲求は、思考を発生させません。
思考はそれを捉え、思考はそれを活用し、思考はこの衝動からイメージや映像をつくります―そのとき、衝動は思考の虜になります。

こんなに多くの時間、衝動を発生させるのは、思考です。
言いましたように、私は私たち自身の欺瞞と不正直の途方もない本性が見えはじめています。たいへんな偽善があります。
私たちはけっして、ものごとをありのまま見ることができないばかりか、それらの幻影をつくり出すにちがいありません。
あなたが私たちに伝えておられることは、あらゆるものごとを、澄んだ眼で、昨日の記憶なしによく見ることです。
あなたは、講話のなかで何度もこれを繰り返されています。
そのとき、生は問題にはなりません。
私は老齢にして、ようやくこれを悟りはじめたところです」

若者は、完全には満足していないように見えました。
彼は自分の用語により、自分が注意深く築いてきた定式による生がほしかったのです。
これこそ、どんな定式に従うことも、どんな導師(グル)に従うこともなく自己を知る大切さの理由です。
この不断の選択のない気づきが、
幻影と偽善のすべてを終わらせるのです。

どしゃぶりの雨が降っています。
大気はまったく静止し―
屋根に、木の葉に当たる、雨の音だけがありました。

(SPKR-2, pp.72-7)

禁欲の誓いをたてた人物は、愛を知りません。
なぜなら、自分自身とその結実に関心をもつからです。

1955年3月9日、ボンベイ、公開講話第7回(CWK-8, p.339)
(註)ヒンドゥー教の行者。

［質問者］　解放の達成には、禁欲や純潔は必要ですか？

［クリシュナムルティ］　この問いは、間違って出されています。
解放を達成するのに、何も必要とはしません。
あなたは取引きや犠牲や排除を通して、達成することはできません。
それは、買えるものではないのです。
あなたがこれらのことをするなら、市場の品物を得るでしょう。
したがって、実在ではありません。
真実は買えません。真実への手段はありません。
もし手段があったら、目的は真実ではないでしょう。
なぜなら、手段と目的は一つで、分離していないからです。
解放や真実への手段としての純潔は、真実の否定です。
純潔は、それを買うコインではありません。
あなたは、どんなコインによっても真実を買うことはできません。
どんなコインによっても純潔を買うことはできません。
あなたは、自分が知っているものごとだけを買うことができます。
けれども、真実は知らないので、買うことはできません。
精神(マインド)が穏やかで静止しているとき、はじめて真実は生じます。
ですから、問題は全く異なるのではないでしょうか？
なぜ、純潔が本質的だと考えるのでしょう？
性(セックス)はなぜ、問題になっているのでしょう？
それがほんとうの問いではないでしょうか？
この腐食する性の問題を理解すると、純潔とは何か理解するでしょう。
性は、なぜ生においてこれほど極度に重要な要因になっているのか、資産、金銭等々より以上の問題になっているのか見出しましょう。
私たちのいう性(セックス)とはどういう意味でしょうか？
たんにその行為だけではなく、それについて考えること、それについて感じること、それを楽しみにして予期すること、それから逃避することなどで、それが私たちの問題です。
私たちの問題は、感じること、もっともっと欲求することです。
あなた自身を見まもるのです— 隣人を見張らないこと！
あなたの思考はなぜ、性(セックス)でこんなにも占められているのでしょう？

純潔は、愛があるときにだけ存在できます。
愛なしに純潔はありません。
愛なしには、純潔はたんに異なった形での情欲です。
純潔になることは、他の何かになることです。
それは、力強くなっている人、傑出した法律家、政治家、
他の何かとして成功している人に似ています——
その変化は、同じレベルにあります。
それは純潔ではなく、たんに夢の最終結果——
特定の欲望に対する継続的な抵抗の結果です。
ですから私たちの問題は、どのようにして純潔になるのか、
あるいは、解放に必要なことは何かを見出すことではなく、
性と呼ぶこの問題を理解することなのです。
なぜなら、性は重大な問題で、
非難や正当化によってでは、アプローチできないからです。
もちろん、性から自己を孤立させるのは容易なことです。
けれどもそのとき、もう一つの問題を生み出しているでしょう。
このきわめて重要な、夢中にさせる破壊的な性の問題は、精神(マインド)がそれ自体の繋留地から自己を解放してはじめて理解できるのです。
それを考え抜いてください。それを払いのけないこと——
あなたが恐れを通して、伝統を通して、何か特定の仕事、活動、
信念、観念に縛られているかぎり、そのすべてに条件づけられ、
執着しているかぎり、この性の問題をかかえるでしょう。
精神(マインド)が恐れから自由であるとき、
はじめて底知れないもの、尽きないものがあり、
そのときはじめて、この問題はいつもの場所におさまるのです。
そのとき、あなたはそれを単純に効果的に扱えます。
そのとき、それは問題ではありません。
愛があるところ、純潔は問題でなくなります。
そのとき、生は問題ではありません。
生は充実した愛のなかで、完全に生きられるべきです。
その革命こそ、新しい世界をもたらすでしょう。

1950年1月1日、セイロン、コロンボ、公開講話第2回（CWK-6, pp.56-7）

修練された心(ハート)、抑圧された心(ハート)は、
愛が何かを知ることができません

神を達するために禁欲を試みている人たちは、純潔ではありません。
というのは、彼らはある結果や利得を探し求め、
そのために性(セックス)を目的、結果に代替しているからです──
すなわち恐れです。
彼らの心(ハート)には、愛がありません。
清らかさがありえません。
そして、清らかな心(ハート)だけが、
真実を見出すことができるのです。
修練された心(ハート)、抑圧された心(ハート)は、
愛が何かを知ることができません。
宗教的、身体的、心理的、感覚的な習慣や
感じることに捕われているとしたら、
愛を知ることはできません。
理想主義者は模倣者です。
したがって、愛を知ることができません。
寛大であることはできず、
自分自身の思考なしに、自己を完全に与えることができません。
精神(マインド)と心(ハート)が恐れの重荷、感覚的習慣の型の重荷をおろしたとき、
はじめて寛大さと慈悲があり、愛があるのです。
そうした愛こそ、純潔です。

1948年2月15日、ボンベイ、公開講話第5回 (CWK-4, p.177)

欲望の抑圧、制御、否定にあたってきた努力は、あなたの精神を歪曲します

私たちのほとんどは、生を努力や闘争に使います。
その努力、闘争、奮闘は、生のエネルギーの浪費です。
人は歴史の期間をとおしてずっと、真実あるいは神—
それにどんな名をつけるとしても—
それを見つけるには、独身でいなければならないと言ってきました。
そこで、あなたは純潔の誓いをたて、
誓いを守るため生涯をとおして絶えず抑圧し、制御し、
自分自身と闘います。
そのエネルギーの浪費に注目することです！
耽溺することもまた、エネルギーの浪費です。
それは、あなたが抑圧するとき、はるかに重要性を持ちます。
欲望の抑圧、制御、否定にあたってきた努力は、
あなたの精神(マインド)を歪曲します。
その歪曲をとおして、あなたは厳格になる禁欲の感覚を持ちます。
どうか、聞いてください。
それをあなた自身のなかで観察してください。
そして、あなたの周りの人々を観察してください。
このエネルギーの浪費、闘いを観察してください。
性(セックス)の密接な関わりや、実際の行為ではなく、
その理想、イメージ、楽しみについてです—
それらについて絶えずつづく思考は、エネルギーの浪費です。
ほとんどの人々は生のエネルギーを、
拒否をとおして、純潔の誓いをとおして、
あるいは、それについて果てしなく考えることをとおして
浪費するのです。

1965年3月3日、ボンベイ、公開講話第7回（CWK-15, pp.89-90）

もし性(セックス)に関して、私の生に無秩序があるとしたら、
私の残りの生も無秩序です
そこで、一つのコーナーをどう秩序立てるかを問うのでなく、なぜ生をこんなに多くの異なる断片に砕いてしまったのかを問うべきです

[質問者] 何年も前ですが、いわゆる宗教的な生に初めて興味をもつようになったとき、性(セックス)を絶つことを強く決意しました。私は、宗教的な生にとって本質的な必要条件と考えることに厳密に従い、修道僧的な禁欲主義の荒々しい厳しさによって生きてきました。今、私は抑圧と暴力が包含された、その種の清教徒的な遵奉は、ばかげていることがわかります。それでも、古い生に戻りたくはありません。私は今、性(セックス)に関してどのように行動すべきでしょうか?

[クリシュナムルティ] 欲望があるとき、あなたがどうすればいいか知らないのは、なぜでしょうか?
なぜなのか、はっきり言いましょう。
それは、あなたの硬直した決定が、依然として働いているからです。
すべての宗教が私たちに性(セックス)を拒否し、抑圧するよう話してきました。
なぜなら、宗教が、それはエネルギーの浪費で、神を見出すにはエネルギーを持たなければならない、と言うからです。
けれども、この種の厳しく荒々しい抑圧と、模範の遵奉は、私たちのもっと精緻な本能すべてに、野蛮な暴力をふるいます。
この種の荒々しい厳しさは、性への耽溺よりもっと大きなエネルギーの浪費です。

あなたはなぜ、性を問題にしたのでしょうか?
ほんとうは、あなたが誰かと寝ても寝なくても、まったく問題はありません。それをつづけるか、やめるかすることです。
けれども、それを問題にしないこと。
問題は、確固とした先入観から来るのです。

ほんとうに重要なことは、私たちが誰かと寝るか寝ないかということではなく、生においてなぜこれら断片ばかりを持っているのかということです。
落ち着きのないコーナーの一つには、あらゆる先入観による性(セックス)があります。もう一つのコーナーには、他の種類の混乱があります。
もう一つには、あれやこれやをめざして奮闘することがあり、それぞれのコーナーには、精神(マインド)の絶え間のないおしゃべりがあります。
エネルギーを浪費する、こんなに多くのやり方があるのです。
生の一つのコーナーが無秩序なら、生の全体が無秩序です。
もし性に関して、私の生に無秩序があるとしたら、
私の残りの生も無秩序です。
そこで、一つのコーナーをどう秩序立てるかを問うべきではなく、なぜ生をこんなに多くの異なる断片に砕いてしまったのかを問うべきです。
断片は、それら自身の中で無秩序で、すべて互いに矛盾しています。
こんなに多くの断片を見るとき、私に何ができるでしょう？
私はそれらすべてをどう扱えばいいのでしょう？
私は内側で完全ではないので、これらの断片をもっています。
さらに別の断片化を引き起こさずに、このすべてを深く探り、それぞれの断片の終わりに達するなら、その気づきのなかに——それは見ることですが——断片化がまったくないのです。
それぞれの断片は、分離した楽しみです。
生涯ずっと、楽しみの強欲な小部屋にとどまるつもりかどうかを、自分自身に尋ねるべきです。
それぞれの楽しみや断片の隷属状態を、深く探ってください。
そしてあなた自身に言うのです——
「マイ・ゴッド！、私は依存しています。
私はこれら小さなコーナーすべての奴隷です」と。
これが、私の生のすべてでしょうか？
それとともにとどまり、起こることを見ることです。

(ML, pp.61-2)

この全体像が、観念でなく現実の行為として見えるとき、愛と性と純潔は一つです

私たちが愛で、性(セックス)で、自己の耽溺(たんでき)で、
それに反する誓いをたてることでつくるもの—
この全体像が、私たちに見えるとき、
この全体像が、観念でなく現実の行為として見えるとき、
そのときには愛と性と純潔は一つです。
それらは分離していないのです。
腐敗させるのは、関係における分離です。

性は、雲一つない青空と同じくらい純潔でありえます。
けれども、思考にともなって雲が来て、暗くなります。
思考は言います—
「これは純潔だ、これは耽溺だ」
「これは、制御しなくてはならない」
「ここでは、自制をなくそう」と。
ですから思考は愛ではなく、純潔ではなく、性ではなく、毒です。
無垢であるものは何をしようと、いつでも純潔です。
けれども、無垢は思考がつくるものではありません。

　(C, pp.12-13)

Ⅵ 結婚について

関係しているとは、どういう意味でしょうか?

[質問者] 私たちのほとんどは結婚しているか、親しい関係に包み込まれています。その関係は、あなたがとても正確に描いたように、すべて間違った理由で始まったものです。こうした結婚や関係は、ほんとうに肯定的な力にできるのでしょうか?
(笑い)

[クリシュナムルティ] あなたたちは、気の毒ですね!
さて、私たちはこの問いにどう取り組みましょう?
他の人と関わるとはどういう意味でしょうか?
とても親しく、親密に、身体的に関係しているかもしれませんが、
私たちは心理的に、内的に関係しているのでしょうか?
―ロマンチックに、感傷的に関係しているということではなく、
関係しているという感覚です。
関係 (relation) という言葉は、接触していること、他の人とともに全体性の感覚を持つことを意味します。
それは、分離した実体が集合して全体を感じるのではなく、
まさにその関係が、分離していないという
この特質、感覚をもたらすのです。
これは、ほんとうに重要な問いです。
なぜなら、私たちの生のほとんどは、こんなにひどく孤立化され、
隔離され、心理的に乱されないよう、
注意深く組織化されているからです。
そして、こういう関係は必然的に、葛藤、動揺をもたらし、
人が抱える神経症の行動すべてをもたらすでしょう。

そこでまず、私たちは関係によって何を意味しているのかを、
一緒に明らかにしましょう。
その言葉の意味、言語的な意味だけでなく、
言葉の背後にある、二人の背後にある意義も明らかにしましょう。
関係しているとは、何を意味するのでしょう？
私たちはそもそも、その言葉の深い、深遠な意味で関係している
でしょうか？
深い海のように、乱されないその種の関係がありえるでしょうか？
もし私たち一人ひとりが、自分の特定の道、特定の欲望、特定の
野心などを追求しているなら、関係はありえるでしょうか？
もしこれらのことが存在するなら、
相手とのそうした関係はありえるでしょうか？
あなたは、こう言うでしょう。
「それらはどうして存在できないのでしょう？
おたがいによって、私たち一人ひとりが充足すること、
私たち一人ひとりが花開くことは必要ないのでしょうか？」と。
分離のその感覚が存在するとき、それは何を意味するのでしょう？
もし私たち一人ひとりが、私たちは互いに花開き、成長し、充足し、
ともに幸せであるように助けあっていると言うなら、
そのときやはり孤立した霊(スピリット)を維持しているのです。
さて、なぜ精神(マインド)または頭脳、人間存在は、
いつも分離状態にすがるのでしょう？
どうですか？これはとてもとても重大な問いです。
人間たちはなぜ、歴史をとおして、この孤立、絶縁、分離状態、
分割の感覚を維持してきたのでしょう？
あなたはカトリック教徒です。私はプロテスタント教徒です。
あなたはあの集団に属しています。彼はあの集団に属しています。
私は紫色や黄色の衣を着て、あるいは花輪をかけます。
そして、私たちは、これを持続します―
そして、関係、愛、その他すべてを話します。
さて、なぜでしょう？
どうですか？私たちは協働し、ともに究明しています。

なぜ、こうするのでしょう？
意識的に、意図的にでしょうか？
あるいは、無意識的に、伝統や私たちの教育によってでしょうか？
宗教の構造全体は、あなたは分離している、分離した魂だといったことを維持します。
それは、思考それ自体が分離的だ、ということでしょうか？
理解していますか？
私は、自分があなたから分離していると考えます。
私は、自分の行動（behavior）はあなたの行動から分離しているにちがいないと考えます。
なぜなら、そうでなければ、私たちは機械的になり、ゾンビになり、たがいに模倣しあうだろうという恐怖があるからです。
思考が、生のこの分離状態の原因なのでしょうか？
どうぞ、これを一緒に究明してください。
思考は、世界を諸国家・諸民族に分離してきました。
あなたはイギリス人で、もう一人はドイツ人です。
私はフランス人で、あなたはロシア人、などとです。
この分割は思考によってつくり出されます。
そして思考は、この分離状態のなかに、この分割のなかに、安全があると想定するのです——
共同体に属すること、同じ集団に属すること、同じ導師(グル)を信じること、導師の託宣にしたがって着る同じ服を信じること——
人は安全だと感じます。少なくとも安全という幻想を持ちます。

そこで、私たちは尋ねます——
私たちを分離するのは、楽しみや楽しむことのできる欲望でしょうか？——それもまた思考の動きですが…
いいですか？ 思考は、完全で、全体でしょうか？
なぜなら、思考は知識に基づいているからです——
それは科学、技術の世界や心理において蓄積された膨大な人の経験です。私たちは外的に内的に、たいへん多くの知識を蓄積してきました。

そして、思考はその知識から出てきたものです―
記憶、知識、経験としての思考です。
ですから、知識は、神、涅槃(ニルヴァーナ)、天国、科学など何についても、
けっして完全ではありえません。
それで、知識はいつも無知の影を伴うにちがいありません。
どうぞ、この事実をともに見てください。
それで思考が関係の分野に入りこむとき、分割をつくり出すにちがいありません。なぜなら、思考それ自体が断片化されていて、制限されているからです―よろしいでしょうか？

もしこれが、私たちみんなに明らかであるなら―
私の説明によるものでなく、自分でそれを発見しているとして―
そのとき知識は、関係においてどんな持ち場があるのでしょう？
いいですか！ これは重大な問いです。
ただの気まぐれな、理屈っぽい論題ではありません。
知識、経験、蓄積された記憶は、関係においてどんな持ち場があるかの探究です。
どうぞあなた自身が、これに答えてください。
私に目を向けていてはいけません。
もし私が「私は妻を知っている」―または他の形の親密な関係です―と言うなら、すでにその人物を、彼女か彼についての私の知識の枠組みに入れてしまっています。
ですから、私の知識は分割的なプロセスになるのです。
私は、妻、夫、彼女と―あるいは、それが何であっても―生活してきました。情報を蓄積してきました。
私は、彼女または人が言った痛みのある発言を記憶してきました。
そこで、あるイメージとしての記憶の全体構築があります―
それは、私の他の人との関係に干渉します。
いいですか、これを自分のなかで観察してください。
そして彼女も、まったく同じことをしています。
そこで、私たちはこう尋ねています―
「知識は関係においてどんな持ち場があるのでしょうか？」と。

知識は愛でしょうか？
私は妻を知っているかもしれません—
彼女の様子、行動の仕方、一定の習慣などをです。
それはかなり明白です。
しかし、なぜ、「私は彼女を知っている」と言うのでしょう？
「私は知っている」と言うとき、すでに関係を制限しています。
このことをあなたが理解するかどうか、私は知りませんが…？
私はすでに自分と彼女の間に妨げ、障壁をつくり出しています。
それは、彼女に対する私の関係において、私は感応できなくなるという意味でしょうか？ 私の問いを理解していますか？
「私は基本的にあなたを知らない」と言うなら、私は感応できないでしょうか？あるいは、私は途方もなく敏感になるでしょうか？—その言葉を使ってよければですが、それは間違った言葉です—
私は感じやすく、分割の感覚や障害を持っていません。
したがって、私が精神、頭脳のこの性質をもっているなら、あるいは、関係は花開くこと、動きだという感情があるなら—それは静止した状態ではなく、それは生きているものなので—あなたはそれを木枠に入れて、それがそうで、そこから動かないとは言えません。
そのときには、私たちは問いをはじめることができるのです—
結婚とは何で、結婚ではないとは何でしょうか？ いいですか？
人は他の人と生活するかもしれません。
性的に、伴侶として手を取り、話をする。
そして、結婚のため戸籍係に行くか、あるいは、カトリックやプロテスタントの儀式を経て結ばれるかもしれません。
あるいは、結婚せずに他の人と生活するかもしれません。
一人の人とともに、私は責任の誓いをたてました。
その他の人とは、そうしていません。
一人の人と私は、法律上結婚しています。
別居や離婚はかなり難しくなります。
他の人とは、それはかなり簡単です。
たがいにさようならと言って、違う方向に歩み去るのです。
それが世の中でますます起こっていることです。

私たちは、どちらも非難してはいません。
私たちは、ただこの問題全体を―子どもたちについてのとても大変な重荷となる責任と感情を―注意して見ているだけです。
そこで、法律上あなたは縛られていて、他の人とはそうではありません。子どもを持つかもしれませんが、いつでもこの開いた扉があるのです。
さて、これらの両方の場合での関係のすべては、たんなる魅力の形、両方の生物的な応答、好奇心、他の人と一緒にいたいという感覚でしょうか？―その関係は、寂しさの無意識的な恐れの結果や、婚姻の慣習を確立した伝統であるかもしれません。
両方の場合に、それは慣習になりえるし、
両方の場合に、性的にたがいを失うこと、所有すること、
搾取することの恐れがあり、それに伴うその他すべてがあります。
さて、両方の場合に、何が重要なのでしょうか？
いいですか、私たちはともに話し合っています―つまり、私があなたに有ることや無いことを示しているのではないのです。
両方の場合に、何が重要で、必要でしょうか？
対応能力である責任が本質的です―よろしいでしょうか？
私は、ともに生活する人々に責任があります。
私は責任があります―
妻にだけでなく、世界で起こっていることにも責任があります。
私は、人々が殺されないように計らう責任があります。
私は、責任ある対応ができるのです。
私は、暴力がないように計らう責任があります。
そうではないですか？
したがって私の責任は、ただ一人に対して、私の家族に対して、私の子どもたちに対してだけでしょうか？―
それが伝統でした。
西洋では、家族はますます消失しています。
ところが、東洋では家族は今もなお中心です。
それは途方もなく重要です。
彼らは家族のために、何でもするでしょう。

たとえ遠い従兄弟であってもまとまり、たがいに助けあい、
たがいのために地位と勢力を利用するでしょう。
ですがここイギリスでは、しだいにすっかり消えようとしています。
みなさん、おわかりですね。
あなたがこの問題に入るとき、それはきわめて複雑になり、
きわめて活力をもつのです。
私に子どもがいるとして、現にあるように彼らを愛し、
責任を感じるなら、彼らの生全体に対応が可能で責任があります。
彼らは全人生を通して、私に責任があるにちがいありません。
私は、彼らが適切に教育され、
戦争で虐殺されないよう気をつけなくてはなりません。
ですから、この問いにそのすべてが内包されています。
それを深く究明すると、人はこの愛の質を持たないかぎり、
あらゆることがまったく的外れだとわかります。
もし私が自己中心的でないこと、孤立していないこと—
そのなかでは、執着がなく、占有がなく、深い愛情をもつこと—
を試みているとします。
それにもかかわらず、私の妻がその正反対を感じるなら、
そのとき私たちは全く異なる問題を持っています。
おわかりでしょうか? そのとき、問題はこうです—
私はどうすればいいか?
ただ彼女を残し立ち去る、離婚する—
彼女が主張するなら、私はそうしなければならないかもしれません。
それはわずかな発言によって答えられる問いではありません。
両者について、たいへんな内的探究を必要とします。
その問いかけに、探究に、愛がないなら、
聡明な行動(アクション)はありません。
愛があるところ、それ自体の知恵があり、
それ自体の責任があるのです。

1982年9月2日、イギリス、ブロックウッド・パーク

人は、闘争や適応や調整の感覚なしに、
どのように他の人と生きるかを見出さなくてはならない

[クリシュナムルティ]　二人が一緒に生活するとき、それは一緒になるという性的、生物的活動でしょうか？
あるいは、たがいに気づかいあう生活に愛があるのでしょうか？
たぶん、あなたたちは語り手よりもっとよくこの答えを知っているでしょう。

[質問者]　愛には、結婚することが必要ですか？
男女の間の身体的な関係とは何でしょうか？

[クリシュナムルティ]　私は知りませんが、あなたは知っているはずです。これは何とも奇妙な問いですね。
愛には、結婚することは必要でしょうか？
あなたは何と答えますか？
語り手があなたにこの質問をするなら、どう答えますか？
みなさん、私は結婚することが必要でしょうか？
あなたの答えはどうですか？
たぶんこうでしょう―「あなたが欲することをすればいい。
なぜそれで私をわずらわすのか。それは、あなたしだいだ」と。
しかしその問いは、ほんとうははるかに複雑だとわかるでしょう。
私たちはみな、親しい人との交わりを欲しいのです。
みな性的な関係、生物的な必要を欲しいのです。
また、誰か頼れる人を欲しいのです。
誰か安全を見出せる人、慰めや支えを感じる人を欲しいのです。
なぜなら、私たちのほとんどは、一人で自分自身の足で立てません。
そこで、こう言います―
「私は結婚しなければならない。あるいは、私は友だちを持とう。
あるいは、それが何であってもいいが、くつろいでいることができる誰かをきっと持つでしょう」と。

私たちは、けっして誰ともくつろいではいません。
なぜなら、私たちが自分自身の思考のなかに、
自分自身の問題のなかに、
自分自身の野心のなかに生きているからです。
私たちは、ひとりで立つことに怯えています。
なぜなら、生はとても孤独で、生はとても複雑で困難ですので、ものごとをともに話し合える誰かが必要だからです。
また、あなたは結婚すると、性的な関係や子どもなどを持ちます。
男と女の間の結婚関係に愛がないとしたら、
あなたは彼女を使用し、彼女はあなたを使用します。
あなたは彼女を搾取し、彼女はあなたを搾取します。
それは事実です。
そこで、質問者は尋ねます—
「男女の間の身体的な関係とは何でしょうか？」と。
ご存じないのでしょうか？ それはあなたしだいなのです。
しかし、ともに生きるというこの複雑な問題全体に入ることは、— 二人だけでなく、人類と、隣人と、社長と、召使と（あなたに召使がいるとしてですが）、あなたの父と母と子どもたちとともに生きる—それはとても複雑なことです。
家族としてともに生きることは、あなたに一定の安心、一定の安全を与えてくれます。それであなたは、その家族を集団へ、共同体へ、国家へ、民族へ広げるのです。
さらにそこから他の国家・民族に対立する国家・民族へ広げる、それで、いつも分割と葛藤と戦争があるのです。
そこで、どんな葛藤もなく、どんな闘争や適応や調整の感覚もなく、どのように他の人と生きるのかを見出さなければなりません。
それはたいへんな知恵、誠実さを必要とします。
けれども、私たちはただ性的な、生物的な要求などによって結婚するにすぎないのです。

1984年2月9日、ボンベイ

あなたは、妻を愛しているなら支配はしない

この国〔インド〕では、夫がボスです—
彼が法律で、主人です。
なぜなら、彼は経済的に支配的だからです。
そして、妻の義務は何なのかを言うのは彼です。
妻は支配的でなく、経済的に依存しているので、
彼女の言うことは義務ではないのです。
私たちは夫か妻の視点から、問題にアプローチできます。
妻の問題にアプローチするなら、彼女は経済的に自由でないから、
彼女の教育は制限されているか、彼女の考える能力は劣っている
かもしれないということがわかります。
社会は、男性によって決定された規則と行動様式を
彼女に強いてきました。
ですから、彼女は夫の権利とされるものを受け入れます。
彼は経済的に自由であって支配的であり、
稼ぐ能力があるので、法律を定めるのです。
当然のことですが、結婚が契約問題であるところでは、
その複雑化に制限はありません。そのとき、義務があります—
関係において全く重要でないお役所的な言葉です。
規則を定めて、夫と妻の義務と権利を探究しはじめると、
それに終わりはありません。
たしかにそういう関係は、ぞっとすることではないでしょうか？
夫が自らの権利を要求して、忠実な妻を娶ることを強要する—
それがどんな意味だとしても、
明らかに彼らの関係は、ただの取引の契約です。
この問題を理解することがとても重要です。
なぜなら、この問題に異なるアプローチがなくてはならないからです。
関係が契約に、金銭に、所有に、権威や支配に基づくかぎり、
それは必然的に権利と義務の問題になります。
関係が契約の結果であるとき、何が正しいか、間違っているか、
何が義務か、を決定することで、その極端な複雑さを見ることが

できます。
もし私が妻で、あなたが一定の行動を強要するとしたら、
私は独立していないので、当然、あなたの願い、あなたの握る制御に屈服しなくてはなりません。あなたは妻に、一定の規則と権利と義務を課します。ですから、関係は複雑さすべてを伴う契約事項になるだけです。

さて、この問題に、異なるアプローチはないのでしょうか？
それはこうです。
愛があるとき、義務はありません。
あなたは妻を愛しているとき、あらゆることを分かちあいます—
あなたの資産、苦労、心配事、喜びなどです。
あなたは支配しないのです。
あなたと彼女は、使用されて脇に放られる男女ではなく、
家の名前を継承していくための一種の養育用機械ではありません。
愛があるとき、義務という言葉は消失します。
権利と義務の話をするのは、心(ハート)に愛のない男性です。
そしてこの国では、義務と権利が愛に取って替わっています。
規則が、愛情のぬくもりより重要になっているのです。
愛があるとき、問題は単純です。
愛がないとき、問題は複雑になります。
男性が妻と子どもを愛しているとき、
彼はけっして義務と権利から考えることはできません。
皆さん、あなた自身の心(ハート)と精神(マインド)を調べてください。
あなたがそれを笑いとばすのは、わかります。
何かを笑い、それを脇へ押しのけることは、
思いやりのない人たちのごまかしの一つです。
あなたの妻は、あなたの責任を共有していません。
あなたの妻は、あなたの資産を共有していません。
彼女はあなたが持つすべての半分を持っていません。
なぜなら、女性を自分より重要でない扶養すべきものとみなし、
あなたの欲望が要求するときに、あなたの都合で性的に使用する

ものと見なすからです。
ですから、あなたは権利と義務という言葉を考え出し、
女性が反抗するとき、これらの言葉を投げつけます。
義務と権利を話すのは、静止的社会、退廃する社会です。
あなたがほんとうに自分自身の心(ハート)と精神(マインド)を調べるなら、
自分に愛がないことを見出すでしょう。

存在に新しい社会、新しい文化が生まれるには、
明らかに、男や女のどちらかによる支配ではありえません。
支配は、内的な貧しさによって存在します。
心理的に貧しいので、召使や妻または夫を支配したい、
誓って守らせたいのです。
たしかに、新しい有様、新しい文化をもたらすことができるのは、
唯一、愛情の感覚、愛のぬくもりです。
心(ハート)の育成は、精神(マインド)のプロセスではありません。
精神(マインド)は、心(ハート)を育成することはできません。
しかし、精神(マインド)のプロセスが理解されるとき、
存在に愛が生まれます。
愛は、ただの言葉ではありません。
言葉は"そのもの"ではないのです―
愛という言葉は、愛ではないのです。
私たちがその言葉を使い、愛を育てようとするとき、
それはたんに精神(マインド)のプロセスです。
愛は育成できません。
けれども、言葉は"そのもの"ではないことに気づくとき、
法律と規則を用いる精神(マインド)、権利と義務を用いる精神(マインド)は、
干渉を止めるのです。
そのときはじめて、新しい文化、新しい希望、
新しい世界をつくり出す可能性があるのです。

1948年9月12日、インド、プーナ、公開講話第3回(CWK-5, pp.87-8)

習慣としての結婚、習慣的楽しみの育成としての結婚は、退廃の要因です。なぜなら、習慣には愛がないからです

結婚関係が意義を持つのは、愛するごくわずかな人にかぎられます。
そのとき、それは壊すことはできません。
それはたんに習慣や便宜ではなく、
生物的、性的な必要に基づくものでもありません。
無条件の愛のなかで、二人のアイデンティティーは融合しています。
そうした関係には、癒しがあり、希望があります。

しかし、あなたたちのほとんどは、結婚関係は融合していません。
分離したアイデンティティーを融合させるには、
あなたはあなた自身を、彼女は彼女自身を知らなければなりません。
それは愛することを意味します。
けれども、愛はありません——それは明らかな事実です。
愛は新鮮で、新しいのです。
ただの満足感ではなく、ただの習慣でもありません。
それは無条件です。
あなたは、夫または妻をそのように扱わないでしょう。
あなたは孤立状態で生きるし、彼女も孤立状態に生きます。
あなたは、保証された性的楽しみの習慣を確立してきました。
保証された所得を持っている人には、何が起こるのか…？
きっと彼は退廃します。
それに気づいたことはありませんか？
保証された所得を持つ人を、見守ってください。
彼の精神(マインド)が、どれほど速く萎れていくか、すぐにわかります。
彼には高い地位、狡猾さの評判があるかもしれませんが、
充実した生の喜びは失われています。
同様に、あなたは、永続する楽しみの源を持って、
理解のない、愛のない習慣による結婚をします。
そして、その状態で生きることを強いられます。
私は、あなたがどうすべきかを言っているのではありません。

そうではなく、初めにその問題を見ることです。
あなたは、それが正しいと考えますか？
それは、あなたが妻を放り出して、
他の誰かを追い求めるにちがいないという意味ではありません。
その関係は、どういう意味なのでしょう？
たしかに、愛することは、誰かと親交にあることです。
しかし、あなたは妻と身体的以外に、親交があるでしょうか？
彼女を身体的以外に知っているでしょうか？
彼女はあなたを知っているでしょうか？
あなたたちはどちらも孤立し、
それぞれが自分の興味、野心、必要を追い求め、
それぞれが相手から満足を求め、
経済的、あるいは心理的な安全を求めていないでしょうか？
こうした関係は、まったく関係ではありません——
それは、心理的、生物的、経済的に必要な、
お互いに自己を閉ざしていくプロセスです——
そしてその明白な結果が、葛藤、悲惨、口やかましさ、
所有欲の恐怖、嫉妬などなのです。

ですから、習慣としての結婚、
習慣的な楽しみを育成する結婚生活は、退廃の要因です。
なぜなら、習慣には愛がないからです。
愛は習慣的ではありません。
愛は何か喜ばしい、創造的な新しいものです。
したがって、習慣は愛の反対のものです。
けれども、あなたは習慣に捕らわれています。
当然、他の人との習慣的関係は死んでいます。
これによって、私たちは再び根源的な主題に戻ってきます——
つまり、社会の改革は、法律の制定にではなく、
あなたに依存しているということです。
法律の制定は、さらなる習慣や服従へと向かうだけです。
ですから、あなたは関係のなかで感応できる責任ある個人として、

何かをしなくてはなりません—
行動しなくてはなりません。
精神(マインド)と心(ハート)に目覚めがあるとき、
はじめてあなたは行動できるのです。
あなたたちの何人かですが、同意して頷くのが見えます。
けれども明白な事実は、
あなたは変容、変化の責任をとりたくないということです。
あなたは、どのように正しく生きるかを見出すかという激変に、
向き合いたくないのです。
このため問題は継続し、あなたは口論を続け、
最終的に死にます。
あなたが死ぬとき、誰かが涙します—
相手のためではなく、自分の寂しさのためです。
あなたは変化せず、継続します。
そして、自分たちは高い地位に就き、法制度をつくり、
神について話し、戦争の止め方を見出すことのできる人間だと考えます。が、これらは何一つ意味がありません。
なぜなら、あなたたちは根源的な主題のどれも解決してはいないからです。

　1948年12月19日、インド、ニューデリー、公開講話第3回（CWK-5, pp.175-6）

分離した個人の存在は、幻影でしょうか？

[質問者]　もし二人の人が葛藤や苦痛のある関係を持っているとして、彼らはそれを解消できるでしょうか？　あるいは、その関係は終わらなければならないでしょうか？　良い関係を持つには、二人とも変化することが必要ではないでしょうか？

[クリシュナムルティ]　問いは、明瞭であることを望みます。
苦痛、葛藤がある関係、生じる問題すべての原因は、何でしょう？
その根は何でしょうか？
これらの問いに答えるなかで、一緒に考えていきましょう。
私は、あなたがただ受けとったり、受け入れたり、拒否したりするために答えているのでありません。
私たちは、一緒にこれらの問いを探究しているのです。
これは、実際に東洋でも、ここスイスでも、アメリカでも、
人間すべてに関わる問い、ほとんどの人たちに関わる問いです。
二人の人 ─ 男性と女性は、明らかに葛藤なしに、苦痛なしに、
不平等感なしに、互いに深く関わりあっているという感情なしに、
一緒に生活できません。
「なぜ？」と、人はたずねます。
おそらく、多くの原因があるでしょう。
性(セックス)、気質、正反対の感情、信念、野心などです。
関係のこの調和の欠如には、とても多くの原因があるかもしれません。
けれども、私たちの各々に葛藤をもたらす本源、
その本源の深さは、ほんとうのところ何でしょうか？
それこそ尋ねるべき重要な問いだと、私は思います。
そのとき、話し手のような誰かからの答えを待たないことです。
そうではなく、問を立て、待ち、躊躇する忍耐を持ち、
問いを種(たね)とみなし、開花させ、動かせてください。
その感じをあなたに伝えているかどうか、私にはわかりません。
私は私自身に「なぜ？」と問います。

もし私が女性と結婚している、女性と生活しているとしたら、なぜ私たちがこの根本的な葛藤を持つのか、自分に問います。
表面的な答えなら、私は与えることができます―
つまり、彼女はローマカトリック教徒で、私はプロテスタント教徒だといったあれやこれです。これらはすべて表面的な理由です。
けれども、私は二人の間の葛藤の深い根、深い本源は何なのかを、見出したいのです。
そこで、私は問いを立てます。
そして、問い自体が花開き、問いがその混み入ったことすべてを露にすること、明らかにすることを待ちます。
そのため、私は少しの忍耐を持たなくてはなりません。
いいですか？ 待つこと、見守ること、気づくことの少しの思慮です。
それによって、問いはひらきはじめます。
ひらくにつれ、答えが見えはじめます。
答えがほしい、ということではありません。
問い自体が解けはじめるのです―
おそらく互いに好きあっていて、魅きつけあっている、
二人の間にある途方もない複雑さを私に示します。
彼らがとても若いときには、性的に巻き込まれているなどです。
少し年をとると、互いに退屈し、他の人をとおして次第にその退屈から逃避します。つまり、離婚です。
あなたたちは、その他すべてをご存じですね。
けれども、彼らは他の人と同じ問題に出会います。
ですから、私は忍耐を持たなくてはなりません。
その「忍耐」という言葉で私が言っていることは、
「時が操作するのを許さない」ということです。
あなたたちは、忍耐と不忍耐の問いに入ったことがあるかどうか、
私は知りません。
私たちのほとんどは、かなり性急です。
自分の問いにすぐに答えてほしい、問いからすぐに逃げ出したい、問いに対してすぐに処置したいのです。
それで、問いとつきあっていくことに、かなりせっかちです。

この不忍耐は、問題の深い理解を与えてくれません。
ところが、忍耐があるなら─それは時に依っていないので、
問題を終えることを欲していません。
問題を見守り、注意深く見て、進展させ、成長させます。
それで、その忍耐から、答えの深さを見出しはじめます。
いいですか？　今、一緒にそれをしましょう。
私たちは忍耐しています─性急に答えをほしがっていません。
ですから私たちの精神、頭脳(マインド)は、見るために開いています。
問題とその複雑さに気づいています。
いいですか？　私たちは試しています─
いえ、私は"ためしてみる"という言葉を使いたくありません─
二人はなぜ、けっして葛藤なく一緒に生活できないと思えるのか？
私たちは、その問題のなかに入って洞察します。
この葛藤・衝突の根は何でしょう？
彼女との、または誰かとの私の関係は何でしょう？
それは表面的でしょうか？
性的な魅力、好奇心、興奮、それはすべて表面的な感覚の応答です。
いいですか？　これらの応答は表面的だとわかります。
表面的に答えを見つけ出そうとするかぎり、けっして問題の深層
を見ることはできません。
では、表面的応答から、表面的応答がつくり出す問題から、
それらの問題を表面的に解決する試みから、自由でしょうか？
どうですか？　フォローしていますか？
私は、表面的に答えを見つけようとしないことをたしかめています。
そこで、問題の根は何かを尋ねます。
それは教育でしょうか？
男性なので相手を支配したい、所有したいということでしょうか？
とても深く執着しているので、手放したくないのでしょうか？
縛られ、執着されていることは、
いつも腐敗を生じるとわかるのでしょうか？─
腐敗とは嫉妬している、心配している、怯えているという意味です。
執着の帰結はすべて、よくわかっています。

それがその原因でしょうか？
あるいは、原因はもっと深いのでしょうか？
はじめに私たちは、表面的なこと、それから感情的なこと、執着、感情的で感傷的でロマンチックな依存関係について話しました。これらを捨てるときには、そこに包み込まれたもっと深い主題があるのでしょうか？
それをゲットしていますか？
私たちは表面的なことから、より低く、より深くへと動いています。それによって、自分でその根が何かを見出すことができるのです。あなたが自分で見出すよう望みます。
さて、私はどのようにその根を見出すでしょう？
あなたはどのようにその根を見出すでしょう？
あなたは答えを求め、その根を見出すことを求めて、
途方もない努力をしているでしょうか？
あるいは、それを見出すことを求めて、
あなたの精神、頭脳は、静かでしょうか？
それは見ることなので、かき乱されはしません。
それは欲望の、意志の活動ではありません。
ただ見守っているだけです。
私たちは一緒に、ただ見守っているでしょうか？
何が深い根で、深い原因か、何が人間たちの間の葛藤の根拠か
がわかるよう、ただ見守っているでしょうか？
それは個の分離の感覚でしょうか？
どうぞ、注意深く見て、そのなかに入ってください。
それは基本的に、「私は相手から分離している」という個の概念でしょうか？
私たちは生物的に異なりますが、深く根ざした個の独立した活動の感覚があります。それがその根なのでしょうか？
あるいは、さらに深い根、さらに深い層があるのでしょうか？
── わかりますか？
このすべてにフォローしていますか？
私たちは一緒にこのなかにいますか？

はじめに、感覚的応答、官能的応答があり、
それから感情的な、ロマンチックな、感傷的な応答があり、
それから腐敗すべてとともに執着があるのではないでしょうか?
あるいは、それは深く条件づけられた何かで、
頭脳がこう言っている何かでしょうか —?
「私は個だ。彼または彼女は個だ。私たちは分離した実体だ」、
「一人ひとりが自分なりの仕方で、自己を満たさなければならない。
したがって、分離が基本だ」と —
そうでしょうか? それが基本でしょうか?
あるいは、「私は個人だ。彼女もまた個人で、彼女なりの仕方で
自己を充足させなければならない。私も同様でなくてはならない」
と教育されてきたのでしょうか —?
そうだとしたら、私たちはまさに初めから、二つの分離した方向
へ出発してしまっています。
それらは一緒に走っていても、けっして出会わない平行線なのか
もしれません。けっして出会わない鉄道の二本の線路のように —
私がしていることすべては、出会おうとすること、
格闘しながらも睦まじく生きようとすることです。
「オー、ダーリング、あなたはとってもいい人」と。
フォローしていますか —?
何度繰り返しても、けっして出会わないのです。いいですか?
ですから、それが原因だとしたら —
明らかに、それが原因だと思えるのですが —
その根である個人の分離した存在は、現実でしょうか?
あるいは、その背後にどんな妥当性もないまま、私が養い、
大切にし、こころにいだいてきた幻影でしょうか?
それが何ら妥当性をもたないなら、それが幻影であることはまった
くたしかで、取り消せないほど絶対的にたしかに違いありません。
そこで、頭脳がその幻影から離脱できるかどうかを尋ねること、
私たちはみな心理的に同様だと気づくことです。
フォローしていますか?
私の意識は、その他の人間の意識です。

生物学的に私たちは異なりますが、
心理的に、私たちの意識は、人間すべてについて同様です。
ひとたびこれを悟るなら―
知的にではなく、深みで、私の心で、私の血で、私の腹の底で―
　　　　　　　　　　　　ハート　　　ブラッド　　　　ガッツ
そのときには、他の人との私の関係は、根本的な変化を受けます。
いいですか？ それは必然的なことです。

さて、質問者は尋ねます―
「私たちは葛藤状態で、関係は終わらなければならないでしょうか？」
ほとんどの人々の苦闘、葛藤のように、一日中闘うとしたら―
ご存じですね、苦み、怒り、嫌悪、拒絶―
私たちは、できるかぎりそれに耐えます。
それから断ち切らなければならない瞬間が、やって来ます。
このありふれたパターンを、私たちは知っています。
ますます多くの離婚があります。
そして質問者は尋ねます―「どうすべきでしょうか？」と。
私は妻との果てしなく続く葛藤にあって、どうしてもそれを取り繕
えないのなら、その関係は終えなくてはならないでしょうか？
この分断、この葛藤の原因を理解しているでしょうか？―
それは分離した個の感覚なのです。
その錯覚に基づく本性がわかったので、
私はもう個人の道を追求していません。
私がそれを知覚して、それを生きるとき―ことばの上で主張する
のでなく、それを現実に生きるとき―何が起こるでしょう？
その人との、いまだに個人に関して考えるその女性との、
私の関係は何でしょうか？
私の問いを理解していますか？
それはとても興味深いことです。それに入ってください。
私は見ます。あるいは彼女は見ます―彼女にするほうがいいでしょうね。
彼女は個の愚かさ、不合理さ、錯覚に基づく本性を見ます。
彼女はそれを理解し、それを感じます。
私はそうではありません。なぜなら、私は男性です。

より攻撃的で、より突進的で、その他のすべてだからです。
それで私たちの間に、何が起こるでしょうか？
彼女はその本性を理解し、私は理解しなかった。
彼女はけっして私と口論しようとはしません。
いいですか？ 彼女はまったくその領域に入ろうとはしません。
けれども、私はいつも彼女に強いて、彼女を駆り立て、
彼女をその領域に引き込もうとします。
葛藤をつくり出しているのは私で、彼女ではありません。
あなたは、全体がどう動いてきたか理解したでしょうか？
このすべてにフォローしていますか？
そのこと全体は動いてきました。
今、口論をしているのは二人の人ではなく、一人だけです。
起こっていることを、見ることです。
そして私ですが、もし私がかりにも敏感であるなら、
もし私に彼女へのほんとうの思いやりがあるなら、
私もまた変容しはじめます。
なぜなら、彼女は決定的にそこにいるからです。
わかりますか？ 何が起こるのか、見るのです。
彼女はそこから動かないでしょう。
二つの動かせない物体が出会うなら、衝突があります。
あなたに見えるかどうか、私はわかりません。
けれども、女性は動かせず、私は動かせるとしたら、
当然のことですが、私は動かせないものに屈します。
いいでしょうか？ これがわかるでしょうか？
とても単純なことです。
つまり、以前に関わったイメージなしに、
現実の関係を理解するなら、そのとき問題は解消されるのです。
そのとき彼女は、まさにその存在、彼女の現実の生命力によって、
私を変容させ、私を助けようとしているのです。
それが答えです。わかったでしょうか？

1981年7月31日、スイス、ザーネン（OR, pp.5-9）

あなたは所有の関係を持たずに、愛することができますか？

[質問者] 男性と女性の関係に本来備わる騒動や苦味や葛藤がすべてなく、男女が一緒に生活し、セックスをして子どもを持つことは可能でしょうか？ 両者に自由があることは可能でしょうか？
私のいう「自由（freedom）」とは、夫または妻が絶えず他の人と情事を持っているという意味ではありません。
人々は愛し合うと、ふつうは付き合って、結婚します。
そこには、欲望、選択、楽しみ、所有欲といった、とても大きな基本的欲求があります。"愛している"というまさにこの本性は、始まりから葛藤の種子でいっぱいです。

[クリシュナムルティ]
そうでしょうか？ それが必要でしょうか？
私はそれに、とても多くの疑問をもちます。
あなたは愛に陥り、しかも所有の関係をもたずにいる
ことはできないでしょうか？
私が誰かを愛し、彼女が私を愛し、私たちは結婚します——
それはすべて完璧に率直で、単純です。
そこにはまったく葛藤がありません。
（私たちは結婚すると言うとき、まったく同じように、私たちは一緒に生活することを決めると言ってもよいでしょう——言葉に捕らわれないようにしましょう）
人は、相手なしに、いわば必ず従う尻尾なしに、結婚することはできないでしょうか？
二人が愛し合い、どちらもとても理解力があり、
とても敏感であるため、自由があり、
葛藤をつくる中心が欠如していることはありえないでしょうか？
葛藤は、愛している感情のなかにはありません。
愛している感情は、まったく葛藤なしにあるのです。
愛しているなかで、エネルギーの損失はありません。

エネルギーの損失は、つき従う尻尾に、
後につづくあらゆることにあるのです—
つまり、嫉妬、所有欲、疑惑、疑い、愛を失う恐れ、
再保証と安全のたえずつづく要求にあるのです。
たしかに、あなたが愛する誰かとの性的な関係において、
期待される役目を果たすことは可能にはちがいありません—
通常は、後につづく悪夢なしにです。
もちろん、それはあります。

　（ML, pp.63-4）

Ⅶ 愛とは何か？

嫉妬があるとき愛は存在できないこと、
執着があるとき愛は存在できないこと、を私は理解します。
では、嫉妬と執着から自由であることは可能でしょうか？
自分が愛していないことはわかります。それは事実です。
私は自分をだまそうとしてはいません。
私は妻に、彼女を愛していると装おうとしてはいません。
私は、愛とは何かを知らないのです。
けれども、自分が嫉妬していることは、よく知っています。
自分は彼女にひどく執着していること、執着には恐れがあり、
嫉妬、心配があり、依存の感覚があることは、よく知っています。
私は、依存したくないが、寂しいから依存します。
事務所で、工場で、押しまわされ、家庭に戻ります。
慰めと仲間であることを感じたい、自分自身から逃避したいのです。
そこで、私は自分自身に尋ねます―
どのようにすれば、この執着から自由になれるのか？
それをほんの一例として取りあげます。

初めに、私はその問いから逃げ出すことを欲しています。
妻とは最終的にどうなるのか、私にはわかりません。
私がほんとうに彼女に無執着になるとき、彼女に対する私の関係は変化するかもしれません。彼女は私に執着しているかもしれませんし、私は彼女に―または他の女性に―執着していないかもしれません。
けれども、私は究明しようとしています。
ですから、私の想像が、執着すべてについての全面的な自由という結果となるように、逃げ出しはしないでしょう。

私は、愛とは何か知りません。
けれども、本当に明らかに、明確に、どんな疑いもなく、妻に対する執着は、嫉妬、所有、恐れ、心配を意味することがわかります。
そのすべてからの自由がほしいのです。
それで、私は探究しはじめ、方法を探します。
そしてあるシステムに捕らわれます。
ある導師(グル)が、こう言うのです―
「あなたが無執着になるように助けよう。
これとこれをしなさい。これとこれを実践しなさい」と。
私は、彼が言うことを受け入れます。
なぜなら、私は自由の重要性がわかります。そして、彼の言うことをすれば、報償を得るだろうという約束があるからです。
けれども、私は、自分が報償を求めているさまがわかり、
どんなにばかなのかもわかります。
自由であることを欲し、報償に執着しているのです。
私は執着していたくありません。
にもかかわらず、誰かの書物や、何かの書物、何かの方法が、私に執着からの自由の報償を与えてくれるだろう、という観念に執着している自分自身を見出すのです。
それで、報償が執着になるのです。
だから私はこう言います―
「自分がしたことを見ろ。気をつけろ。罠に捕らわれるな」と。
それは女でも、方法でも、観念でも、やはり執着です。
私は今、とても注意深く見守っています。
というのは、何かを学んだからです。
それは、何かに対する執着を、
やはり執着である他のものに交換しないことです。
私は自分自身に尋ねます―
「執着から自由であるには、何をすべきか？」と。
執着から自由でありたい私の動機は何でしょうか？
それは、執着、恐れなどない状態を達成したいということではないでしょうか？

そこで突然、私は、動機が方向づけを与え、
その方向づけが私の自由に指令することに気づきます。
なぜ動機を持つのでしょう？ 動機とは何でしょうか？
動機は、何かを達成するための希望、または欲望です。
私は、自分が動機に捕われているのをわかります。
私の妻だけでなく、観念、方法だけでなく、
私の動機もまた、執着になってしまっているのです！
ですから、私はいつでも執着のフィールド内で、妻、方法、そして未来に何かを達成するための動機によって機能しています。
このすべてに私は執着しているのです。
それは途方もなく複雑なことだとわかります。
私は、執着から自由であることは、このすべてを包含していることに気づきませんでした。
今、これが明確に見えます—たとえば、地図上に、本道、間道、集落が見えるのと同じように—私には、とても明確に見えるのです。
そのとき私は、自分自身にこう言います—
「今、私が妻に対して持っているたいへんな執着から、
自分が得ると考えられる報賞から、そして私の動機から、
自由であることは可能だろうか？」と。
このすべてに、私は捕われています。なぜでしょうか？
それは、私自身には不十分だということでしょうか？
私はとても孤独なので、何かにすがらなくてはならないかのように、女性、観念、動機にたよることによって、その孤立の感情から逃避することを求めるということでしょうか—？
「そうだ」とわかります。私は孤独です。
そして何かへの執着をとおして、
とてつもない孤立のその感情から逃避しているのです。
それで、なぜ私は孤独なのか理解することに興味をもっています。
というのは、それが私を執着させることがわかるからです。
その孤独が、私にこれやあれへの執着をとおして逃避することを強いてきたのです。
そして孤独であるかぎり、帰結はいつもこうなるとわかります。

孤独であるとは、どういう意味でしょうか？
孤独はどのように生じるのでしょうか？
それは本能的で、遺伝的なものでしょうか？
または、私の日々の活動によってもたらされるのでしょうか？
それが本能であるなら、遺伝であるなら、私の運命の一部です。
私は責められるべきではありません。
けれどもそれを受け入れないので、それを問い、問いにとどまります。
私は見守っています。知的な答えを見出そうとしてはいません。
孤独に対して、それは何をすべきか、
それは何かを語ろうとしてはいません。
それが私に語りかけるのを見守っています。
孤独がそれ自体の正体をあきらかにするよう、
注意深い見守りがあるのです。
私が逃げるなら、怯えるなら、それに抵抗するなら、
それは自らを開示しないでしょう。
だから、私はそれを見守ります。
思考がまったく干渉しないように、それを見守ります。
それを見守ることは、思考が入ってくることよりはるかに重要です。
そして私の全エネルギーは、その孤独の観察にかかわっているため、
思考はまったく入ってきません。
精神(マインド)は挑戦されており、答えなければなりません。
挑戦されているので、それは危機にあります。
危機において、あなたはたいへんなエネルギーを持ちます。
そのエネルギーは、思考に干渉されずにとどまります。
これは、答えなければならない挑戦です。
私は自分自身との対話をはじめ、自分にこう尋ねました—
愛と呼ばれるこの不思議なものは、何ですか？
あらゆる人が愛について語り、愛について著述します—
ロマンチックな詩や映画のすべて、性や他の領域すべてです。
私は尋ねます。「愛のようなものがあるのだろうか」と。
嫉妬、憎しみ、恐れがあるとき、愛が存在しないことはわかります。
だから、もう愛とはかかわってはいません。

私は有るもの、つまり、恐れや執着とかかわっています。
私はなぜ執着するのでしょうか？
理由の一つは——それが理由全体だとはいいませんが——
私は絶望的に孤独で、孤立していることがわかります。
私は年をとるほどに、ますます孤立します。
だから、私はそれを見守ります。
これは見出すための挑戦です。
挑戦ですから、エネルギーすべては応じるためにあります。
それは単純です。
何か大惨事、事故があるなら、それが何であろうと挑戦です。
私はそれに向きあうエネルギーを持っています。
そこで、こう尋ねなくていいのです——
「私はどうやってこのエネルギーを得るのだろう？」と。
家が火事のとき、私は動くエネルギーを、
とてつもないエネルギーを持っています。
椅子に座り込んで、「自分はまず、このエネルギーを得なくてはならない」と言って、待ちはしないのです。
そのときまでに、家全体が燃えてしまうでしょう。

問いに答えるために、途方もないエネルギーがあるのです——
なぜ、この孤独があるのでしょうか？
それは遺伝によるもの、本能的なものとする観念、仮定、理論を私は拒絶しました。
そのすべては、私には何の意味もありません。
孤独は、有るものです。
あらゆる人間が気づいているとしてですが、表面的に、あるいは、もっとも深遠に通過するこの孤独は、なぜ存在するのでしょう？
なぜ、それは存在に入っているのでしょう？
精神(マインド)が、孤独を生じる何かをしているということでしょうか？
私は本能と遺伝に関する理論を拒否しました。
そして私は尋ねています——
精神(マインド)が、頭脳自体が、この孤独、全くの孤立を生じているのか？

思考の動きが、これをしているのか？
日々の生における思考が、この孤立の感覚をつくり出しているのか？
会社で、私は自分自身を孤立させています。
それは、私は最高経営者になりたいからです。
したがって、思考はいつでも、それ自体を孤立させながら働いています。思考はいつでも、それ自体を優位にするように操作し、精神(マインド)はそれ自体の孤立に向けて働いていることがわかります。

ですから、問題はこうです—
思考はなぜこれをするのか？
それ自体のために働くことが、思考の本性でしょうか？
この孤立をつくり出すことが、思考の本性でしょうか？
教育はこの孤立をもたらします。
それは私に、一定の経歴、一定の専門性を与えるとともに、孤立を与えるのです。
思考は、断片的で、制限されていて、時の拘束力がかかっているので、この孤立をつくり出しているのです。
その制限のなかで、思考は安全を見出し、こういいます—
「私は人生で特別な経歴がある。大学教授だから完璧に安全だ」と。
さて、そのとき、私の関心はこうです—
思考はなぜこれをするのでしょう？
こうすることが、まさにその本性でしょうか？
思考がすることは何でも、制限されているにちがいありません。
さて、問題はこうです—
思考がすることは何でも、制限され、断片化されていています。
したがって、それ自体が孤立させていること、それがすることは何でもこのようになるだろうことに気づくでしょうか？
これこそ、とても重要な点です。
思考自体が、自らの制限を理解できるでしょうか？
または、私が思考に対して、その範囲は制限されていると伝えているでしょうか？
これこそ、理解すべきとても重要なことだとわかります。

これがその事柄の本当の本質です。
もし思考が、それ自体が制限されていることを理解するなら、そのときには抵抗もなく、葛藤もありません。
それは、こう言います—「私はそれだ」と。
けれども、私がそれに対して、それは制限されていると伝えているなら、そのとき私は、制限から分離します。
そのとき私は、その制限に打ち勝つために格闘します。
したがって、愛ではなく、葛藤と暴力があるのです。

そこで思考は、それ自身を制限されたものと理解するでしょうか？
私は見出さなくてはなりません。挑戦されているのです。
私は挑戦されるので、たいへんなエネルギーを持っていて、
それを異なるように表わします—
意識は、その内容がそれ自体だと理解するでしょうか？
あるいは、他の人がこう言うのを聞いたということでしょうか？—
「意識はその内容です。その内容が意識を作り上げるのです」と。
したがって、私はこう言うのです—
「そうです、そのとおりです」と。
二つの間の違いがわかりますか？
後者は思考によりつくり出され、「私」により課せられています。
もし私が思考に何かを押しつけるなら、そのとき葛藤があります。
それは圧政的な政府が、誰かに押しつけるのに似ています。
けれども、ここでは、その政府は私がつくり出したものです。
そこで、私は自分自身に尋ねます—
思考はそれ自身の制限を理解したのか？
あるいは、何かとても高貴な神聖なもののように装っているのか？
それは無意味なことです。
思考は記憶に基づいているからです。
この点については、明晰さがなければならないのはわかります—
すなわち、それは制限されていると言うことによって、
思考に押しつけている外側の影響はないということです。
そのとき、押しつけがないから、葛藤がないのです。

自らが制限されていることは単純にわかります。
それが何をするとしても、―神の崇拝など、たとえそれが礼拝のためのすばらしい大聖堂を、ヨーロッパ中につくり出したとしても―制限され、まやかしで、狭量だと理解します。

それで、自分自身との対話のなかで、孤独は思考によってつくり出されるという発見がありました。
思考は、今、それ自体が制限されているため、
孤独の問題を解決できないことを理解します。
思考は孤独の問題を解決できないのですが、
孤独は存在するのでしょうか？
思考がこの孤独の感覚、空っぽの感覚をつくり出すのです。
なぜなら、それは制限され、断片的で分割されているからです。
これに気づくとき、孤独はありません。
愛着からの自由があります。
私は何もしていません。
愛着を、そこに内包されているものを―
すなわち貪欲、恐れ、寂しさ、そのすべてを―
見守っているのです。
その跡をたどること、それを観察することによって―
それを分析するのでなく、ただ見る、ひたすら見ることによって―
思考がこのすべてをするという発見があります。
思考は断片的ですから、この愛着をつくり出します。
思考がこれを理解するとき、愛着は止みます。
努力はまったくしていません。
なぜなら、努力があるその瞬間、再び葛藤が戻るからです。

愛には愛着がありません。
愛着があるなら、愛はありません。
否定をとおして主な要因の除去が、
つまり、愛着の否定を通して愛でないものの除去があるのです。
私は、日々の生のなかで、それが何を意味するかを知っています。

妻や、恋人や、隣人が、私を傷つけるためにしたどんなことも、
憶えていないのです。
思考が彼女についてつくり出したどんなイメージにも、
愛着がないのです—
たとえば、彼女がどのように私をいじめてきたか、
どのように私に慰めを与えてきたか、
私とどのように性的な楽しみをもってきたかなど—
思考の動きがつくり出してきたさまざまなことの
すべてのイメージへの愛着は消え去りました。

そして他の要因もあります—
私はそれらすべてのステップを、一歩一歩、
一つ一つ通過していかなければならないのでしょうか？
あるいは、それらはすべて終わっているのでしょうか？
私はすべてを通過していかなければならないのでしょうか？
愛着、恐れ、楽しみ、慰めへの欲望を究明してきたように、
究明しなければならないのでしょうか —？
さまざまな要因すべての究明を、通過しなくていいことはわかり
ます。それは一目でわかります。
私はそれを捕えました。

ですから、愛ではないことの否定をとおして、愛はあります。
愛とは何か、尋ねなくていいのです。
追いかけなくていいのです。
もし追いかけるとしたら、それは愛ではなく報賞です。
そこで、私はその探究のなかで、ゆっくり、注意深く、歪曲なしに、
幻想なしに、愛でないことすべてを否定し終えました—
それで、その相手のものがあるのです。

　1977年8月30日、イギリス、ブロックウッド・パーク（DWO, pp.3-9）

Ⅷ 関係における愛

関係における愛は、浄化のプロセスです

私たちが愛するものごとを破壊するのは、何と簡単でしょう!
一つの言葉、身ぶり、微笑み—
私たちの間に障壁があらわれるのは、何と素早いのでしょう!
健康、気分、欲望が影を落とします。
輝いていたものは鈍く、重荷になります。
習慣をとおして、自分自身を疲れ果てさせ、
鋭くて澄んだものは、くたびれて混乱したものになります。
不断のあつれき、希望、欲求不満をとおして、
美しく単純だったものは、恐れにみちた成り行きを待つものになります。
関係は複雑でむずかしく、
そこから傷つかずに出てくることができる人は、ほとんどいません。
私たちは関係が静止し、持続的で継続的であってほしいけれども、
関係は動きです—内や外のパターンに順応させるのではなく、
深く充分に理解されなくてはならないプロセスです。
順応は、つまり社会の構造で、
愛があるときはじめて、その重みと権威を失います。
関係における愛は、自己の人生の道を明らかにするので、
浄化のプロセスです。
この"明らかにする"ということがないとしたら、
関係はほとんど重要ではありません。
けれども、私たちは明らかにすることにいかに抗い、格闘するでしょう!
格闘は、支配や従属、恐れや希望、嫉妬や受容等々、
多くの形をとります。
難しい問題は、私たちが愛していないことです。
愛しているなら、私たちはそれが特定の仕方で機能することを求め、
それに自由を与えません。

私たちは、心(ハート)で愛するのでなく、精神(マインド)で愛します。
精神(マインド)は、それ自体を修正できます。
けれども、愛はできません。
精神(マインド)は、それ自体を傷つけられないようにできます。
しかし愛はできません。
精神(マインド)は、いつでも引き下がれるし、
排他的に、私的にも非私的にもなることができます。
愛は比較されたり、束縛されたりすべきものではありません。
私たちの難しい問題は、愛と呼ばれるものにありますが―
それは、ほんとうのところ精神(マインド)に依っています。
私たちは心(ハート)を、精神(マインド)のものごとで充たします。
そうして心(ハート)を、いつでも空っぽで期待しているものにしています。
すがりつき、うらやんで、とらえて破壊するのは精神(マインド)です。
私たちの生は、身体的な中心(ハート)や精神(マインド)によって支配されています。
私たちは愛さず、それをそのままにもしておきません。
愛されることを切望します。
で、私たちは受けとるために与えます。
それは、精神(マインド)の寛大さで、心(ハート)にはありません。
精神(マインド)はいつでも確実性、安全を求めています。
それで、愛は精神(マインド)によって確実にされるのでしょうか？
精神(マインド)の本質は時に依っています。
その精神(マインド)が、それ自体永遠である愛を捉えられるでしょうか？
けれども、心(ハート)の愛さえ、それ自体のトリックを持っています。
というのは、私たちはあまりにも腐敗した心(ハート)をもつので、
そのためそれは躊躇し、混乱しています。
生をとても困難なうんざりさせるものにするのは、これなのです。
一瞬、私たちは、自分は愛を持っていると考えます。
ですが、次の瞬間には失われています。
精神(マインド)のものではない、それのもとを推しはかられない、
はっきりわからない強さがやって来ます。
この強さは、再び精神(マインド)によって消失させられます。
なぜなら、この闘いのなかでは、

精神(マインド)はまちがいなく勝者に見えるからです。
私たちの内面でのこの葛藤は、ずる賢い精神(マインド)や躊躇しがちな心(ハート)によって解消されることはありません。
この葛藤を終わりに導く手段も、道もありません。
まさに手段の探求こそ、平和であるため、愛を持つため、
何かになるため、主人になろう、葛藤をかたづけようとする
精神(マインド)のもう一つの衝動なのです。
私たちの最大の難題は、精神(マインド)の望ましい目的として、
愛するための手段はないということを、広く深く気づくことです。
これをほんとうに深く理解するそのときにこそ、
この世に依るものではない何かを受けとる可能性があるのです。
その何かの感触がないとしたら、私たちが意志することをしても、
関係において永続する幸せはありえません。
あなたはその祝福を受けとり、私は受けとらなかったとしたら、
当然あなたと私は、葛藤にあるでしょう。
いや、あなたは葛藤にないかもしれません。が、私はそうでしょう。
そして苦痛と悲しみのなかで、私は自分自身を切り離します。
悲しみは楽しみと同じように排他的です。
私が作ったものではないその愛があるまで、関係は苦痛です。
その愛の祝福があるなら、
私がどうあろうとも、あなたは私を愛することしかできません。
そのとき、あなたは私の行動に応じて愛を形づくらないからです。
どのようなトリックを精神(マインド)がしかけようとも、
あなたと私は分離しています。
私たちはいくつかの点で互いに触れあっているかもしれません。
けれども、統合はあなたとではなく、自分自身の内にあるのです。
この統合は、どんなときも精神(マインド)によってはもたらされません。
それは、精神(マインド)がそれ自体の限界による終局に至って
まったく静寂であるとき、はじめて生じます。
そのときはじめて、関係に苦痛がないのです。

(CL-1, pp40-2)

愛については、考えることはできません

あなたが観察すると、関係において私たちの生気をなくさせるのは、
考えに考えて考えること、
計算すること、判断すること、
熟考すること、私たち自身を適合させることです。
それから私たちを自由にする一つのことは、
愛です—
それは思考のプロセスではありません。
あなたは、愛について考えることはできません。
愛している人物について考えることは、できます。
けれども、愛について考えることは、できないのです。

1949年2月6日、インド、バナーラス、公開講話第3回（CWK-5, p.197）

私たちは、愛が何かを知りません

私たちは、愛が何かを知りません。
楽しみは知っています。
私たちは、情欲、情欲に由来する楽しみ、思考、悲しみで
被いかくされているうつろう幸せは知っています。
けれども、「愛すること」が何を意味しているかを知りません。
愛は記憶ではありません。
愛は言葉ではありません。
愛はあなたに楽しみを与えてきたことの継続ではありません。
あなたは関係を持っているかもしれません。
「私は妻を愛している」と言うかもしれません。
けれども、あなたは愛してはいません。
あなたがあなたの妻を愛しているなら、嫉妬はありません。
支配や執着はありません。

私たちは、愛が何かを知りません。
なぜなら、美しさが何かを知らないからです。
日暮れの美しさ
子どもの泣き声
空を渡る鳥のすばやい動き
日暮れの格別な色合いのすべて—
あなたはそのすべてにまったく気づかず、無感覚です。
つまり、生にもまた無感覚なのです。

　1964年2月23日、ボンベイ、公開講話第5回（CWK-14, p.153）

愛は永続するでしょうか?

楽しみの経験は、もっと多くを要求させます。
この「もっと多く」が、
楽しみのなかで安全であるための欲求です。
私たちは、誰かを愛しているなら、
その愛が、確実に報われることを欲します。
少なくとも、望む関係が永続することをたしかにしようとします。
私たちの社会はすべて、関係にもとづいています。
けれども、永続することがあるでしょうか?
愛は永続するでしょうか?
私たちの不変の欲望は、
感じることを永続的にすることではないでしょうか?
永続させることのできないもの、つまり愛は、
私たちのそばを通り過ぎるのです。

1961年5月9日、ロンドン、公開講話第4回(CWK-12, p.134)

愛の状態は、過去のものでも未来のものでもありません

あなたがたがこれまでに、愛の本性を熟慮したことがあるか、
疑問に思います。
愛していることと愛してきたことは、別のことです。
愛には時がありません。
あなたは「私は愛してきた」とは言えません―
それは意味がありません。
そのとき愛は死んでいます。
あなたは愛していないのです。
愛の状態は、過去のものでも未来のものでもないのです。

同じ様に、知識ということと知る動きは、別のことです。
知識は拘束しますが、知る動きは拘束しません。
このなかへのあなたの道を、ただ感じてください。
それを受け入れることも、拒否することもしないことです。
わかりますか？知識は時の性質をもっています。
それは時の拘束です。
ところが、知る動きは永遠です。
愛、瞑想、死の本性を知りたいなら、
何かを受け入れることや拒否することはできません。
私の精神(マインド)は疑いの状態ではなく、探究の状態になくてはなりません。
探究は、過去の束縛をもたないことを意味します。
知る動きのなかにある精神(マインド)は、時から自由です。
なぜなら、蓄積がないからです。

1959年12月30日、ボンベイ、公開講話第3回（CWK-11, p.269）

誰かを愛しているとき、男女の間に分離はありません

愛は、精神(マインド)に依るものではありません。
けれども、私たちは精神(マインド)を育成してきたため、
愛という言葉を、精神(マインド)の分野を包むために使います。
たしかに、愛は精神(マインド)と何の関わりもありません。
愛は、精神(マインド)の産物ではありません。
愛は計算、思考から全く独立しています。
愛がないとき、制度としての結婚の枠組みが必要になるのです。
愛があるとき、そのとき性(セックス)は問題ではありません—
それを問題にするのは愛の欠如によります。
ご存じではないでしょうか？
あなたが誰かを、ほんとうに深く愛しているとき—
精神(マインド)の愛ではなく、ほんとうにあなたの心(ハート)から愛しているとき—
あなたは彼か彼女と、自分のものごとすべてを分かちあいます。
身体だけでなく、ものごとすべてをです。
あなたは自分の困難のなかで彼女の助けを求め、
彼女はあなたを助けます。
あなたが誰かを愛しているとき、男女の間に分離はないのです。
けれども、その愛を知らないときには、
性の問題があります。
私たちは頭脳による愛だけを知っています。
思考はそれをつくり出しました。
思考の産物は、やはり思考です。
それは、愛ではありません。

1948年9月19日、インド、プーナ、公開講話第4回（CWK-5, p.99）

自分自身の全プロセスを理解するとき、
愛が存在に生じます

[質問者] あなたは関係―自分の満足のために他人を使用することに基づいた関係―について話されました。そして、たびたび愛と呼ばれる状態をほのめかされました。あなたのいう愛とは、何を意味するのでしょうか?

[クリシュナムルティ]
私たちの関係は何か―
私たちはそれを愛と呼ぶ衣服をまとわせますが、
それは相互の使用と満足にあると、私たちは知っています。
使用においては、使用されるものへの優しさと保護があります。
私たちは、私たちの国境、書物、資産を保護します。
これと同様に、私たちは、自分の妻、家族、社会を保護するよう気をつけています。
なぜなら、それらなしでは、親身になってくれる人のいない、
失った状態だろうからです。
子どもがいなければ、親は寂しく感じます。
子どもは、あなたがそうでないものになるでしょう。
ですから、子どもはあなたのむなしさの道具になります。
私たちは必要と使用の関係を知っています。
私たちは郵便集配人が必要ですし、彼は私たちが必要です。
それでも、私たちは郵便集配人を愛しているとは言いません。
私たちは妻と子どもたちを愛していると言います―
たとえ私たちが彼らを自分の私的な満足のために使用し、
彼らを愛国的と呼ばれるむなしいことのために、すすんで犠牲にしようとしていてもです。
私たちはこのプロセスをとてもよく知っています。
明らかに、それは愛ではありえません。
人を使用し、搾取して、それからかわいそうだと感じる愛は、

愛ではありえません。
なぜなら、愛は精神(マインド)のものではないからです。
そこで、一緒に実験をして愛が何か発見しましょう―
たんに言語の上だけでなく、
現実にその状態を経験し、発見しましょう。
あなたたちが私を導師(グル)として使用し、私があなたたちを学徒たちとして使用するとき、相互に搾取があります。
同様に、あなたが妻や子どもたちをあなたの助成に使用するとき、搾取があります。
たしかに、それは愛ではありません。
使用があるとき、所有があるにちがいありません。
所有はいつも恐れを生み育てます。
恐れとともに、嫉妬、羨望、疑惑がやって来ます。
使用があるとき、愛はありえません。
なぜなら、愛は精神(マインド)の何かではないからです。
ある人物について考えることは、その人を愛することではありません。
あなたはある人物が不在のとき、死んだとき、逃げ去ったとき、ほしいものをくれないとき、はじめてその人物について考えます。
そのときあなたの内的な不充分さが、精神(マインド)のプロセスを進めます。
その人物が親しいときには、あなたは彼について考えません―
彼があなたと親しいときに考えることは、かき乱されることです。
それで、彼がそこにいることをもちろんのことと思うのです。
習慣は、あなたがかき乱されないよう、忘れて平和でいる手段です。
ですから、使用はまちがいなく傷つくことのない能力に導くにちがいありません。
ですが、それは愛ではありません。

使用がないとき、その状態は何であって、何でないでしょう？
それは内的な不充分さを、肯定的か否定的にかばう手段としての思考プロセスです。
満足の感覚がないとき、その状態は何でしょうか？
満足を探し求めることこそ、まさに精神(マインド)の本性です。

性（セックス）は精神（マインド）によってつくり出され映像化される、感じる（センセーション）ことです。
そのとき、精神（マインド）は行為するか、または、行為しないかです。
感じる（センセーション）ことは思考のプロセスで、それは愛ではありません。
精神（マインド）が支配的で、思考プロセスが重要なとき、愛はありません。
使用のこのプロセス、考えること、想像すること、
保つこと、囲いこむこと、拒絶することは、すべて煙です。
その煙がないとき、愛の炎があります。
時として、私たちはその炎を持ちます—
それは、豊かで、充足し、完全です。
しかし煙は戻ってきます。
なぜなら、一人でも大勢でも、私的でも非私的でも、
私たちはその炎と長く生きることはできないからです—
その炎は利害に深く関わるという感覚がないのです。
私たちのほとんどは、時折、愛の香りとそれの脆弱さを知ったことがあります。
けれども、使用、習慣、嫉妬、所有による煙—
たとえば契約と契約を破ることなどですが—
これらすべてが私たちに重要になっています。
ですから、愛の炎がないのです。
煙があるとき炎はありません。
けれども私たちが使用の真実を理解するとき、
その炎があります。
私たちは他の人を使用します。
なぜなら、内的に貧しく不充分で、卑小で小さく、孤独だからです。
また、他の人を使用することで逃避できることを望みます。
同様に、私たちは神を逃避の手段として使用します。
神を愛することは、真実の愛ではありません。
あなたは真実を愛することはできません。
ご存知でしょうが、真実を愛することは、他の何かを得るためにそれを使用するただの手段です。
なので、ご存知の何かを失う私的な恐れが、いつでもあるのです。

精神(マインド)がまったく静寂で、満足と逃避の探求から自由であるとき、
あなたは愛を知るでしょう。
初めに、精神がまったく終わりにならなければなりません。
精神(マインド)は思考の結果です。
思考はただの通路で、終わりへの手段です。
生が何かへのただの通路であるとき、
愛はそこにどのようにありえるでしょう?
精神(マインド)が自然に静かであるとき、
愛は存在に生じます―
作った静けさでなく、
虚偽を虚偽と見て、真実を真実と見るとき、
精神(マインド)が静かであるとき、
そのとき起こることは何でも愛の作用です。
それは知識の作用ではありません。
知識はたんなる経験です。
そして経験は愛ではありません。
経験は愛を知ることができません。
私たちが自分自身の全プロセスを理解するとき、
愛が存在に生じます。
そして自分自身を理解することこそ、英知の始まりです。

1950年2月5日、マドラス、公開講話第3回(CWK-6, pp.42-3)

あなたは、関係のなかでだけ花ひらきます

あなたは、関係のなかでだけ花ひらきます。
争いのなかでなく、愛のなかでだけ花ひらくのです。
けれども、私たちの心(ハート)はしおれています。
私たちは、心(ハート)を精神(マインド)のものごとで充たしてきました。
だから、私たちの精神(マインド)を他の人たちの創造物で充たすよう、
彼らの方を見ます。
私たちには愛がないので、
それを教師とともに、他の人とともに見つけようとします。

愛は見つけられないものです。
あなたはそれを買えません。
愛のために、自分を犠牲にできません。
愛は、自己が不在のときだけに生じます。
あなたが満足、逃避を探し求め、
関係における自分の混乱を理解することを拒んでいるかぎり、
たんに自己を強調しているだけです。
したがって、愛を拒否しているのです。

　　1949年1月23日、バナーラス、公開講話第2回（CWK-5, p.194）

私が愛していることを意識する瞬間、
存在に自己の活動が生じ、
したがって、それは愛であることを終えるのです

さて、私たちの問いはたしかにこうです―
精神(マインド)が愛の状態を経験すること、得ることは可能でしょうか？
瞬間的にではなく、まれな瞬間にではなく、その状態にしておくこと、
時に関わりなくその状態にあることは可能でしょうか？
―永続的や永遠にという言葉は、時を内包するから使わないことにします―
たしかに、それは一人ひとりが発見すべき重要なことです。
なぜなら、それが愛への扉だからです。
他の扉はすべて自己の活動です。
自己の行動があるところには、愛はありません―
愛は時に依るものではありません。
あなたは愛を実践することはできません―
愛を実践するなら、それは生きることをとおして結果を得ようと
望む「私」の自己意識の活動です。

それで、愛は時に依るものではないのです。
あなたはそれに対して、どんな意識的努力をとおしても、
どんな修練をとおしても、同一化をとおしても出会えません―
それらはすべて時のプロセスです。
精神(マインド)は、時のプロセスだけを知っていて、愛を認識できません。
愛は新しい、永遠に新しいただ一つのものです。
私たちのほとんどは、精神を育成してきたので、
愛とは何かを知りません―
精神(マインド)は時のプロセスであり、時の結果です。
私たちは愛について話します。
私たちは「人々を愛しています、自分の子ども、自分の妻、
自分の隣人を愛しています」と言います。
私たちは「自然を愛しています」と言います。

けれども、自分が愛していることを意識する瞬間、存在に自己の活動が生じ、したがって、それは愛であることを終えるのです。

精神(マインド)のこの全プロセスは、自然と、人々と、私たち自身の投影と、あらゆるものごととの関係を通してだけ理解されることです。
実際に、生は関係以外の何ものでもありません。
私たちは自分自身を関係から孤立させようと試みるかもしれません。
けれども、私たちは関係なしには存在できません。
関係は、私たちが隠遁者になることなどによって、孤立をとおして逃げだそうとする苦痛ですが、それはできません。
これらの方法すべては、自己の活動を示しています。
どんな選択もなく、どんな決定された目的をもつ意図もなく、どんな結果への欲望もなく、この描写全体を見て意識としての時のプロセス全体に気づくとき、このプロセスが誘導されたものでなく欲望の結果としてでもなく、自発的に終わりになることがわかるでしょう。
この時のプロセスが終わりになるとき、
はじめて愛があるのです。
愛は、永遠に新しいのです。

　マドラス、公開講話の第12回、1952年2月10日(CWK-6, pp.322-3)

あなたが愛するとき、「あなた」も「私」もありません

精神(マインド)が静かなとき、はじめて愛を知るでしょう。
その静けさの状態は、育成されるものではありません。
育成は、今までどおり精神(マインド)の働きです。
修練は、今までどおり精神(マインド)の産物です。
修練され、制御され、服従させられた精神(マインド)、
抵抗し、説明している精神(マインド)は、
愛を知ることはできません。
あなたは書物を読むかもしれないし、
愛について語られていることを聞くかもしれません。
でも、それは愛ではないのです。
あなたが精神(マインド)のものごとをかたづけるとき、
あなたの心(ハート)が精神(マインド)のものごとについて空っぽのとき、
はじめて愛があるのです。
そのときあなたは、分離なく、距離なく、時なく、恐れなく、
愛するとはどういうことかを知るでしょう—
愛は、少数の人たちのために留保されているのではありません。
愛はどんな階層制度も知りません。
そこに愛があるだけです。
あなたが愛していないとき、
はじめて多と一があり、排他性があるのです。
あなたが愛するとき、「あなた」も「私」もありません。
その状態には、煙のない炎があるだけです。

1950年3月12日、ボンベイ、公開講話第5回（CWK-6, p.133）

**精神は、修練なしに、思考なしに、強制なしに、
どんな書物も、どんな教師もなしに、
愛に出会うことができるでしょうか？**

この引き裂かれた不毛の世界には、愛がありません。
なぜなら、楽しみと欲望が最大の役割を演じるからです。
けれども愛がなければ、日々の生活は意味がありません。
また美しさがなければ、あなたには愛がありえません。
美しさはあなたに見える何かではありません——
美しい樹、美しい絵、美しい建物、美しい女性ではありません。
心と精神が愛は何かを知るとき、はじめて美しさがあるのです。
愛と美しさのその感覚がなくては、美徳はありません。
そしてあなたは、自分が何をしようとも、
社会を改良し、貧しい人に食べ物を与えても、もっと多くの害をつくり出しているだけだろうことを、とてもよく知っています。
なぜなら、愛がなければ、あなたの心と精神にはただ醜さと貧しさだけがあるからです。
けれども、愛と美しさがあるときには、あなたがすることは何でも正しく、何でも秩序立っているものです。
どう愛するかを知っていれば、あなたは好きなことができます。
なぜなら、それは他の問題すべてを解決するだろうからです。
それで、私たちは次の点に到達します——
精神は、修練なしに、思考なしに、強制なしに、
どんな書物も、どんな教師や指導者もなしに、
愛に出会うことができるでしょうか？
美しい日暮れに出会うように、それに出会うでしょうか？
私には、一つのことが絶対的に必要だと思えます。
それは動機のない情熱です——
関与や執着の結果ではない情熱、強い欲望ではない情熱です。
情熱が何かを知らない人は、けっして愛を知らないでしょう。
なぜなら、全的な自己放棄があるときにはじめて、
愛は存在することができるからです。

探し求めている精神(マインド)は、情熱的な精神(マインド)ではありません。
探し求めることなく愛に出会うことこそ、
愛を見つけるただ一つの道なのです——
どんな努力や経験の結果としてでもなく、
知らずにそれに出会うのです。
こういう愛は、時に依っていないことを見つけるでしょう。
こういう愛は、私的と非私的のどちらもあります。
一と多のどちらもあります。
香りを放っている花のように、
それを嗅ぐことも、そばを通りすぎることもできます。
その花は、あらゆる人のためにあるとともに、
努めて香りを深く吸い込み、
歓喜をもってそれを注意して見る人のためにあるのです。
その花にとって、人が庭の近くにいても、
はるか遠くにいても同じです。
なぜなら、その香りは庭に充ち、
それをあらゆる人たちとわかちあっているからです。
愛は新しい、新鮮な、生きている何かです。
それには昨日も明日もないのです。
それは思考の騒動を越えています。
愛が何かを知っているのは、無垢の精神(マインド)だけです。
そして無垢の精神(マインド)は、無垢でない世界に生きることができるのです。
人が、犠牲をとおし、崇拝をとおし、関係をとおし、性をとおし、
あらゆる形の楽しみと苦しみをとおして探し求めてきた
終わりのないこの途方もないものを見つけることは、
思考がそれ自体理解し自然に終わるとき、はじめて可能です。
そのとき、愛には反対に位置するものがありません。
そのとき、愛には葛藤がないのです。

あなたはこう問うかもしれません——
「私がそうした愛を見つけるなら、妻や子どもに、家族に何が起こるのだろう？　彼らには安全がなくてはならない」と。

こういう問いを立てるとき、あなたは全く思考の分野、意識の分野の外側にいたことがありません。その分野の外側にいたことがあるとしたら、けっしてこういう問いを問わないでしょう。
なぜなら、そのときあなたは愛が何かを知るだろうからです—
そこには思考がなく、したがって時がありません。
あなたは催眠にかかり、魅了されて、これを読むかもしれません。
けれども、現実に思考と時を超えることは、
悲しみを超えることで、
愛と呼ばれる異なる次元があることに気づくことなのです。

でも、あなたはこのとてつもない源泉に、
どのように到達するかを知りません—
では、どうればいいか？
どうするかわからないなら、何もしないのではないでしょうか？
絶対的に何もです。
そのときあなたは、内的に完全に静寂です。
それがどういうことか、理解していますか？
あなたは探し求めていない、欲していない、
追求していないということです。
中心(センター)がまったくないのです。
そのとき、愛はあるのです。

　　（FFK, pp.86-7）

一つの動機もない事実へのアプローチが、
あるでしょうか？

イメージを伴う思考の関係ではなく、理解力のある関係とは何か？
この問いに入りましょう—
私たちの頭脳は、機械的です。
頭脳は反復的でけっして自由ではなく、
同じフィールド内で奮闘しているという意味で機械的です。
同じフィールド内の一方のコーナーから、他方のコーナーへと動くことによって、自分は自由だと考えています。
その動きは選択によるもので、選択は自由だとの考えからです。
でも、それは全く同じことです。
人の頭脳は—それはいくつもの時代をとおして、伝統をとおして、教育をとおして、順応をとおして、適合をとおして、進化してきていますが — 機械的になっています。
頭脳には自由な部分があるかもしれません。
けれども、わからないことです。だからそれを主張しないこと。
「そうだ、私には自由な部分がある」と言わないことです。
それは無意味です。
頭脳が機械的、伝統的、反復的になってしまっている事実、
それがそれ自体のずるさを持ち、適合、識別するそれ自体の能力を持つという事実は存続しています。
けれども、それはいつも制限された範囲内にあり、断片化しています。

思考は頭脳の物理的細胞のなかに、すみかを持っています。
私が「私はキリスト教徒だ」または「私はキリスト教徒ではない。
私はヒンドゥー教徒だ。私は信じる。私は信仰を持っている。
私は信仰を持っていない」と言うとき例示されるように、頭脳は機械的になっています。それはすべて機械的、反復的プロセス、反応に対する反応などです。
人間の頭脳は条件づけられているため、コンピュータのように、

それ自体の人為的、機械的知性を持っています。
私たちは、機械的知性という表現をつづけるでしょう。
(コンピュータがまったく頭脳のように操作できるかどうかを見出すために、何十億ドルも使われています)
思考は機械的です。記憶、知識から生まれて、頭脳に蓄えられます。
創案する能力を持つかもしれませんが、やはり機械的です。
創案は、創造とは全く異なります。
思考は、異なる生き方や異なる社会秩序を発見しようとします。
けれども、思考によるどんな社会秩序の発見も、やはり混乱したフィールドのなかにあります。
そこで、私たちは尋ねます―
目標を持たず、関係のなかで行動できる知性があるでしょうか?
今存在している関係の機械的な状態ではありません。

私たちの関係は機械的です。
人は一定の生物的欲求があり、それらを充足します。
人は一定の慰め、一定の仲間づきあいを要求します。
なぜなら、人は寂しさや憂鬱があり、他の人にすがることによって、おそらくその憂鬱が消えるからでしょう。
けれども、他の人との関係には、親密な関係でもその他の関係でも、いつでも目標や動機があり、関係を確立した基盤があるのです。
それは機械的で、数千年間、起こりつづけています。
女と男の間の葛藤、絶えず続く闘い、彼や彼女自身の路線をそれぞれが追求しても二本の鉄道の線路のようにけっして出会いません。
この関係はいつでも制限されています。
なぜなら、それ自体が制限されている思考の活動だからです。
制限があるところはどこでも、葛藤があるにちがいありません。
どんな形の交友においても、一人がこの集まりに属し、もう一人がもう一つの集まりに属していると、孤独、孤立があります。
孤立があるところ、葛藤があるにちがいないのです。
これは法則です。
語り手が考案したものではなく、明らかにそうです。

思考にはいつでも制限があるので、それ自体を孤立させます。
ですから、関係において思考の活動があるところ、
葛藤があるにちがいないのです。
この真実を見ることです。この事実を現実に見ることです―
観念としてではなく、活動的な日々の生活に起こっていること、
たとえば、離婚、口論、互いに憎みあうこと、嫉妬など―そのすべての悲惨をご存じでしょう？
妻はあなたに嫉妬して、あなたを傷つけたい。
それなのに、あなたも嫉妬している。
それはすべて機械的反応で、関係における思考の反復的活動で、
葛藤をもたらします。それは事実です。

さて、あなたはどのようにその事実を扱うのでしょうか？
ここに事実があります。あなたの妻とあなたは口論します。
彼女はあなたを憎みます。そしてあなたの機械的な応答があり、
またあなたも憎みます。
あなたは、それが日々継続して頭脳に蓄えられている、起こったことの思い出であることを発見します。
あなたの考え全体は、孤立のプロセスです。
彼女もまた、孤立の状態にいます。
あなたたちどちらもが、孤立の真理を発見することがないのです。
さて、あなたはどのようにその事実を見ればいいのでしょう？
その事実をどうすべきでしょう？
あなたの応答はどうなのでしょう？
この事実に、動機や目標をもって向き合うのでしょうか？
気をつけてください。
あなたもまた彼女を憎み、彼女を嫌い、彼女といたくないとしても、
「妻は私を憎んでいる」と言って、それをおさえないことです―
なぜなら、あなたたちはどちらも孤立しているからです。
あなたは一つのことに野心的です。
彼女は他のことに野心的です。

それで、あなたの関係は孤立のなかで作動します。
あなたは事実に、理由や根拠によってアプローチするでしょうか？
それらはすべて動機です。
あるいは、動機をもたず、目標をもたずアプローチするでしょうか？
あなたが目標をもたずそれにアプローチするとき、
何が起こるでしょう？ 見守ってください。
何らかの結論に跳びつかないでください。
あなた自身のなかで見守ってください。
以前は、この問題に動機をもち、何らかの理由、自分が行動する根拠によって機械的にアプローチしました。
今、あなたはこうした行動の愚かさが見えます。
なぜなら、それは思考の結果だからです。

では、一つの動機もない事実へのアプローチが可能でしょうか？
そうです、あなたはどんな動機も持っていません。
けれども彼女は動機を持っているかもしれません。
そのときあなたは、どんな動機も持っていないなら、
どのように事実に目を向けるのでしょう？
事実はあなたと異なっていません。
したがってあなたが事実です。
あなたが野心です。あなたが憎しみです。
あなたが誰かに依存しています―あなたがそれなのです。
事実、すなわちあなた自身についての観察があるのです。
どんな種類の理由、動機ももたずにです。
それは可能でしょうか？
そうしないとしたら、あなたは永続的に葛藤に生きます。
あなたは、それが生きる道だと言うかもしれません。
それを生きる道として受け入れるなら、それはあなたの事柄、あなたの楽しみです。あなたの頭脳と伝統と習慣は、あなたに対してそれは必然だと言うのです。
けれども、こういう受容の不合理さがわかるとき、そのときには必ず、この労苦すべては、あなた自身であることがわかるのです。

彼女ではなく、あなたが敵なのです。
あなたは敵に向きあい、敵は自分自身だと発見するのです。

それで、あなたは「私」の、自己の、動き全体、
あなたが分離している伝統的な受容を観察できるでしょうか？
人類の意識のフィールド全体を検討すると、それは愚かしくなります。
あなたは、知性とは何かを理解するなかで、あるポイントに至ります。

私たちは「知性は原因なしにある」と言いました。
愛が原因なしにあるようにです。
愛に原因があるなら、明らかにそれは愛ではありません。
あなたは高い知能があって、それで政府があなたを雇うのなら、
あるいは、あなたは私に従っているから高い知能があるのなら、
それは知性ではありません。それは能力です。
知性には原因がありません。
ですから、あなたが原因のために自分自身を注意して見ているか
を見てください。
あなたはこの事実を注意して見ているのでしょうか？
つまり、孤立のなかで考え、働き、感じていること、
そして孤立は、必然的に果てしなくつづく葛藤を生みそだてる
にちがいないことをです。
その孤立は、あなた自身です―あなたが敵なのです。
自分自身を動機なく見るとき、「自己」があるでしょうか？
原因と結果としての自己、時の結果としての自己、
それは原因から結果への動きです。
あなたがあなた自身を注意して見る、
事実を原因なく注意して見るとき、
何かの終わりが、そして全く新しい何かの始まりがあるのです。

　1982年7月15日、スイス、ザーネン（FA, pp.98-101）

Ⅸ 関係しているとは、「私」が終わること

しばしば疑問に思うことですが、私たちはなぜ他の人たちの話を聞くために会合に行くのでしょうか？
なぜ一緒にものごとを話し合いたいのでしょう？
そして本当のところ、なぜ問題を持つのでしょう？
世界中の人たちは、とても多くの、
多種多様な問題を持っているように思います。
そして、ある種の観念、定式、生の道を偶然手に入れたいと望んで、これらの会合に行きます—
たぶん何かの役に立つか、多くの困難、生きることの複雑な問題に打ち勝つように助けてくれるかもしれないと望んででしょう—
人は数百万年生きてきましたが、今なお格闘しています。
幸せか真実のような何か、動揺しないで、この世界で率直に幸せに健全に生きられる精神(マインド)を、いつも手探りで捜しています。
それでも、奇妙なことに、私たちは、全的(トータル)に永続的に満足させてくれるどんな真実にも出会わないように思われます。
そして、今ここに、私たちは４回目の講話のためにいます。
私たちはいったいなぜ出会い、互いに話し合うのだろうと思います。
私たちはどのように生きるべきか、何をすべきか、何を考えるべきかを語ってきた、とても多くのプロパガンダがあり、とても多くの人々がいました。
彼らは多くの理論を考案してきました—
国家は何をすべきか、社会はどうなくてはならないのかを—
世界中の神学者たちは、固定された教義や信念を発言します—
そして、それらの周りに夢想的な神話と理論を築くのです。
プロパガンダの言葉を終わりなく浴びせかけることをとおして、私たちは形づくられます。

私の精神(マインド)は条件づけられ、次第にすべての感情を失います。
私たちにとって、知性は非常に重要で、思考は本質的です。
思考は、論理的に、健全に、高い知能で動かすことができます。
けれども、関係において、思考はいったいどんな役割をもつのかと私は思います。
それが今晩、私たちが話し合おうとしていることだからです。
私たちは、根本的な問い、本質的な問いを問わなくてはならないと言いました。
先の３回の講話で、私たちは人が答えを探し求めてきたとても大きな問いに向きあいました──
それは、「人の関係とは何か？」という問いです。
（時おり、幸せに胸おどらせながら）この騒乱、この終わりのない苦痛に捕えられているのは誰か、かりに関係が存在するとして、限りのない真実に対しての関係はどのようなものかといった問いです。
私たちはそれに入りました。

おそらく今晩は、私たちの心(ハート)、精神(マインド)、全存在によって、
知的にではなく現実について、考察できるでしょう。
人と人の関係についてのこの問いに、完全な注意を向けることに成功するかもしれません ── 他の人との関係だけでなく、自然、宇宙、あらゆる生きものとの関係についてもです。
けれども、先の講話でわかったように、社会は私たちを、私たちは自分自身を、ますます機械的に、表面的に、無感覚に、無関心にしています。
極東で殺戮が起こっているのに、私たちは比較的乱されずにいます。
私たちはたいへん繁栄しましたが、その繁栄こそが私たちを破壊しています。つまり、私たちは無関心で怠惰になり、機械的で表面的になってきているのです。
そして、すべての人や生きものとの親密な関係を失ってきています。
そこで、私にはこの問いを問うことがとても重要だと思われます──
関係とは何か？
何らかの関係があるのかどうか？

その関係に、愛と思考と楽しみはどんな持ち場があるのか?
話しましたように、私たちはこの問いを考察しようとしています。しかし、知的にではありません。なぜなら、それは断片的にということだからです。
私たちは、生を知性と感情に分けています。
私たちの存在全体を部門別に ― 科学各分野の専門家、芸術家、著作家、司祭者、あなたと私のような普通の俗人に ― 分けています!
私たちは国別に、階級別に、分かれています。
より幅広く、より深く、成長するための諸々の分割です。
この関係の問いを考察しましょう―
関係は、ほんとうに途方もなく重要です。
なぜなら、生きるとは関係することだからです。
この関係の問いを考察するなかで、
生きるとは何を意味するかを問うでしょう。

私たちの生とは何でしょうか?
それは他の人との―妻、夫、子ども、家族、共同体、何か他の単位であっても―深い関係を必要とします。
それを考察するにあたって、この問いを断片として扱うことはできません。なぜなら、存在全体の一区分、一部分を取りあげて、その一部分を解決しようとするなら、そのときそこからの出口はまったくないからです。
けれどもおそらく、この関係の問いを、断片においてではなく全的に扱えるなら、私たちは理解し、異なる生き方ができるでしょう。
個人と共同体、共同体に対立する個人、個人と社会、個人と宗教などとしてではありません。
これらはすべて断片だからです。これらはすべて分割されています。私たちは、いつでもこの存在の仕事全体の小さな断片を理解することによって、問題を解決しようとしています。

ですから、もちろん私たちの残りの生においてもそうであってほしいと望みますが、少なくとも今晩は、断片ではない生を注意深

く見ることができないでしょうか？
それは、カトリック教徒、プロテスタント教徒、禅の専門家、あるいは、特定の導師、大師に従うことではありません。
それはすべて、ばかばかしいほど子どもじみています。
私たちはとても大きな問題を抱えています。
それは、存在を理解すること、どう生きるかを理解することです。
すでに話しましたように、生きることは関係です。
関係していないなら、生きていることはまったくありません。
私たちのほとんどは、言葉のさらに深い意味で関係していないので、自分自身を何かと同一化しようとします—
国家と、特定の体系と、あるいは哲学や特定の教義や信念と—
それが世界中で起こっていることです。
各個人による何かとの同一化 — 家族や自分自身との同一化です。
私は「自分自身との同一化」が何のことかは知りませんが…

この断片的、分離的存在は、必然的に多様な形の暴力につながります。
そこで、この関係の問いに注意を向けることができれば、私たちはおそらく、社会の不平等、不正、不道徳、そして人が育成してきた恐ろしいもの—尊敬に値することを、解決できるでしょう。
尊敬に値する状態でいることは、ほんとうは本質的に不道徳であることに従って、道徳的であることです。

では、一体どんな関係があるのでしょうか？
関係は、自然や他の人間と、深く、根源的に接触していること、触れていることを内包しています。
関係していること…血縁においてや、家族の一員としてや、夫と妻としてではありません。
これらはほとんどまったく、関係ではないからです。
この問いの本性を見出すには、私たちはもう一つの主題に目を向けなくてはなりません。
それはイメージを築き、イメージに関係をもたせ、観念やシンボルをつくり出すというメカニズム全体で、そのなかで人は生きるのです。

私たちのほとんどは、自分自身についてイメージを持っています——
自分が考える自分が何であるか、自分が何であるべきか、
自分についてのイメージと他の人についてのイメージです。
私たちは関係において、これらイメージを持っています。
あなたは語り手についてのイメージを持っています。
語り手はあなたを知らないので、イメージを持っていません。
けれども、あなたが誰かをとても親密に知っているなら、
あなたはすでにイメージを築いてしまっています。
その親密さそのものが、
その人物について持つあなたのイメージを内包しています——
妻は夫についてイメージを持っています。
夫は彼女についてイメージを持っています。
そのとき社会についてのイメージや、神について、真理について、
あらゆるものごとについて持つイメージがあります。

このイメージは、どのように存在に生じるのでしょう？
イメージは、実質的にあらゆる人にあります。
それがあるとき、どのように真実の関係がありえるでしょうか？
関係は、互いに深く、深遠に接触していることを内包します。
その深い関係から、ともに働き、ともに事をする協働がありえます。
けれども、イメージがあるとしたら、つまり、私はあなたについてイメージを持ち、あなたは私についてイメージを持つとしたら、観念やシンボルや一定の記憶（それがイメージになる）による関係を除いて、どんな関係が存在しえるでしょうか？
これらのイメージが、関係を持つのでしょうか？
おそらくそれが、関係がどのようなものかということでしょうか？
関係が事実にもとづくものでなく、たんに概念的で、空想的なものであるとき、言葉の本当の意味において、愛がありえるでしょうか？
司祭者たちによるものや、神学者たちによるものや、共産主義者によるものや、あれやこれやの人物によるものでなく、現実に愛の感情の質がありえるでしょうか？

私たちが、あるべきものではなく、あるものを受け入れるとき、はじめて人間たちの間に関係がありえるのです。
私たちはいつも、定式、概念の世界のなかで生きています。
それらは思考のイメージです。
では、思考は、知能は、正しい関係をもたらせるでしょうか？
精神(マインド)は、頭脳は— 数百万年をとおして築き上げられた自己保護的な道具すべてによって— その頭脳、すなわち記憶と思考の応答全体は、人間たちの間に正しい関係をもたらせるでしょうか？
イメージ、思考は、関係においてどんな持ち場があるのでしょうか？
それにはそもそも、何らかの持ち場があるのでしょうか？

青い空を背に、白い蝋燭(ろうそく)のような花を咲かせる栗の木に目を向けるとき、あなたは自分自身のこれらの問いを問うでしょうか？
あなたとその木の間には、どんな関係が存在するのでしょう？
情動的にではなく、感傷的にでもなく、
現実にどんな関係があるのでしょう？
そういうものごととあなたの関係は、何でしょうか？
自然におけるこれらのものごととの関係を失ってしまったら、
どのように人と関係できるでしょう？
私たちは町で暮らすほど、自然との関係が少なくなります。
日曜日に散歩に出て、樹々に目を向け、「何てすてきなんだ」と言い、いつもと同じ生活に戻ります— つまり、家、アパートと呼ばれる一つながりの引き出しのなかで生きるのです。
あなたは自然との関係を失ってきています。
これは、次の事実によってわかります—
あなたが美術館に行って、展示中の絵画や抽象主義の作品を見ることに午前中いっぱい費やすことによってです。
これは、あなたが自然との接触、関係を、ほんとうに全く失ってしまったことを示しています。絵画、コンサート、彫像ばかりが、ひどく重要になってしまいました。
あなたはけっして、樹や鳥や雲の驚くべき光を視ないのです。

さて、関係とは何でしょうか？
私たちはそもそも、他の人と何か関係を持っているでしょうか？
こんなにも閉じ込められ、自己保護的であることによって、
私たちの関係は、表面的で、官能的で、楽しいものになってしまったのでしょうか？
結局のところ、自己をとても深く、とても静かに検討するとしたら、
フロイトやユングや他の専門家によらずに、
現実のありのままの自己を、注意して見ることです。
するとおそらく、日々どのように自己を孤立させるのか、
どのように自己のまわりに抵抗、恐れの壁を築くのかを、
見出すことができます。
自己を注意して見ることは、
専門家たちの考えに応じて自己を見るよりもっと重要で、
はるかに根源的なことです。

あなたが自己をユングやフロイトやブッダや他の誰かの考えに応じて見るなら、あなたは他の人の目をとおして見ています。
それは、あなたがいつもしていることです。
私たちは見るための自分自身の目を持ちません。
したがって、見ることの美しさを失うのです。

それで、あなたが自己を直接見るとき、
気づかないでしょうか？
あなたの日々の活動を―思考、野心、要求、攻撃、愛し愛されることへの不断の切望、恐れによる不断の苦しみ、孤立の苦悶―
これらはすべてが、途方もない分離と根源的な孤立へと向かわせないでしょうか？
その深い孤立があるとき、
どのように他の誰かと関係できるでしょう？
同じように、自分の野心、貪欲、強欲をとおし、
支配、所有、権力、その他すべてへの要求をとおして、
自己を孤立させているその他の人物に関係できるでしょうか？

それで、人間と呼ばれるこれら二つの実体があり、それら自身の孤立のなかに生き、子どもを産みそだてるなどするのですが、このすべてが孤立しています。
これら二つの孤立した実体の間の協働は、機械的になります。
生きるには、家族を持つには、事務所や工場に行ってそこで働くには、ともかく何らかの協働をしなくてはなりません—
けれども、彼らはいつも、自分の信念と教義、自分の国民性などによって、孤立した実体にとどまります。
ご存じでしょう、人が自分のまわりに、他の人たちから分離するために築いてきた目隠しのスクリーンのすべてを…
その孤立が、本質的に関係していないことの要因です。
その孤立したいわゆる関係においては、
楽しみがたいへん重要になるのです。

世の中では、どのように楽しみが、ますます執拗に求められてきているかを見ることができます。なぜなら、注意深く観察すると、楽しみはすべて孤立化のプロセスだからです。
そして、この楽しみについての問いは、
関係の文脈で考察しなくてはなりません。
楽しみは思考の産物です—そうではありませんか？
楽しみは、あなたが昨日経験したことにありました—
美しいもの、美感に訴える知覚、性的な感覚的な興奮などです。
あなたはそれについて考えます。
昨日経験したその楽しみのイメージを組み立てます。
思考は、昨日楽しいとされたことを維持し、滋養を与えます。
思考は今日、その楽しみを継続するよう要求します。
あなたが得た経験、その瞬間、歓喜を与えた経験について考えるほど、ますます思考はそれに楽しみや欲望としての継続性を与えます。
そしてこのことは、人間存在の根源的な問いに、
どんな関係があるのでしょうか？
それは、私たちがどのように関係しているかにかかわっています。
私たちの関係が、性的な楽しみから出てきたもの、あるいは、家族の

楽しみ、所有の楽しみ、支配、制御の楽しみによるものだとしたら—
保護されていないことや内的な安心を持たないことの恐れによる
もので、したがっていつも楽しみを探し求めているのだとしたら—
そのとき、楽しみは関係にどんな持ち場があるのでしょうか？
楽しみの追求は、関係すべてを破壊します。
それが性的なものであっても、どんな種類のものであってもです。
そして明晰に観察するなら、私たちのいわゆる道徳的価値は、す
べて楽しみに基づいています。
けれども私たちは、それを尊敬すべき社会の正しい、聞こえはりっ
ぱな道徳に仕立てるのです。

ですから、私たちが自分自身に問うとき、自分自身を注意して深
く見るとき、この自己孤立化の活動がわかります—
つまり、受け手としての「私 (the 'me')」、作り手としての「私 (the
'I')」、「自我」が、それ自身のまわりに抵抗を築くことです。
そしてその抵抗こそが、受け手としての「私」です。
それが孤立です。
それが断片をつくり出すのです—
それは、思考者と思考による断片的な見た目です。
では、楽しみにはどんな持ち場があるのでしょう？
それは、思考によって維持され、滋養を与えられた記憶の結果です。
いつも古く、けっして自由でない思考によるものです。
その思考は、楽しみにその存在を集中させていますが、
関係とどういう関わりがあるのでしょう？
どうぞ、あなたご自身にこの問いを問いかけてください。
ただ語り手の話しに耳を傾けないでください。
明日、彼は行ってしまうのです。
あなたは、あなた自身の生を生きなくてはなりません。
ですから、語り手はいかなる重要性もないのです。
重要なのは、あなた自身がこれらの問いを問うことです。
こうした問いは、とても真摯でなくてはなりません。
その探求に、完全に専念しなくてはなりません。

なぜなら、あなたは真摯なときにはじめて、
生きているからです。
あなたが深く根源的に、真剣なときにはじめて、
生がひらき、意味をもち、美しさをもつのです。
あなたはこの問いを問わなくてはなりません——
あなたがイメージの内や、一定の方式の内や、孤立している断片の内に生きていることは、事実か事実でないか？
思考の結果、苦しみと楽しみをともなう恐れが、この孤立に気づくようになったことは、孤立によってではないのか？
そのときイメージは、自分を永続的なものと同一化しようとします——神、真理、国家、旗、その他のすべてです。
それで、思考が古いとしたら——
思考はいつも古いため、けっして自由ではありません——
そのとき、どのように関係を理解できるでしょうか？
関係はいつも現在にあります——
記憶という死んだ過去、
楽しみや苦しみの思い出という死んだ過去にではなく、
生きている現在にあります。
関係は今、活動しています。
関係しているとは、まさにそのことです。
あなたが誰かを愛情いっぱいの目で見るとき、
直接の関係があります。
初めて見る目で雲を見つめることができるとき、
深い関係があります。
けれども思考が入ってくると、その関係はイメージのものです。
そこで尋ねます —— 愛とは何か？と。
愛とは楽しみでしょうか？愛とは欲望でしょうか？
愛とは多くのものごとの記憶でしょうか？
すなわち、あなたの妻、夫、隣人、社会、共同体などについて、
あなたの神について、築き上げ、蓄えてきた記憶——
それを愛と言えるでしょうか？

ほとんどの人々にそうなのですが、愛が思考の産物だとしたら、
そのときその愛は、嫉妬や羨望の網に囲い込まれており、
支配したい、所有したい、所有されたい欲望や、
愛したい、愛されたい、そのあこがれに捕らえられています。
そこに、一人のためと多くの人々のための愛がありえるでしょうか?
一方を愛しているなら、他方への愛を破壊するでしょうか?
そして、私たちのほとんどにとって、愛は楽しみ、仲間づきあい、
癒し、閑居であり、家族のなかで保護されている感覚です。
そこに、ほんとうに愛があるのでしょうか?
自分の家族に縛られている人が、隣人を愛せるでしょうか?
あなたは愛を理論的に話し、
教会に行き、神が何を意味しようと神を愛すかもしれません。
そして次の日、会社に行って隣人を破壊します。
あなたは彼と競い合っており、彼の仕事や所有物がほしい。
自分自身と彼を比較し、自分自身をもっとよくしたい。
そこで、朝から晩まで、夢を通して眠っているときでさえ、この
破壊活動すべてがあなたの内側で起こっているとき、
あなたは関係することができるでしょうか?
それとも、関係は何か全く異なったことなのでしょうか?

関係は、自己、「私(the 'me')」の全的(トータル)な放棄があるときに、
はじめて存在することができます。
「私」がない、そのときあなたは関わっています。
そこにはどんな分離もありません。
たぶん、知的にではない現実の「私」の全的な否定、
全的な終止は、感じられたことがないのでしょう。
おそらく、それこそ私たちのほとんどが、男女の別によって性的
に、あるいはもっと大いなる何かとの同一化をとおして、探し求
めていることです。
けれども、もっと大いなる何かとの同一化のプロセスというのも、
また思考の産物です。そして思考は古いのです。
「私(the 'me')」、自我、「私(the 'I')」のように、それは昨日に依

るもので、いつも古いのです。
そこで、問いが生じます―「私（the 'me'）」に中心を置くこのプロセス、この孤立のプロセスを完全に手放すことは、どのように可能でしょうか？
これはどのようになされるのでしょう？
この問いを理解していますか？
私の日々の生のあらゆる活動は、
恐れ、心配、絶望、悲しみ、混乱、希望に依っています。
「私（the 'me'）」は、神、自らの条件づけ、自らの社会、自らの社会的・道徳的な活動、国家などとの同一化をとおして、
自己を他の人から分離します。
人間が関係することができるように、
「私」はどのように死ぬ、消えればいいのでしょうか？
なぜなら、私たちは関係していないとしたら、
そのとき互いに戦争状態に生きることになるからです。
互いに殺しあうことはないかもしれません。
なぜなら、それは、はるか遠くの国々を除いて、
あまりに危険になっているからです。
私たちは、分離がないように、ほんとうに協働できるように、どのように生きればいいのでしょう？

世界にはこんなに多くのすべきことがあります―
貧困を拭い去ること、幸せに生きること、苦悶と恐れとの代わりに喜びをもって生きること、まったく異なった種類の社会、すべての道徳を越えた道徳を築くことです。
しかしこれは、現代社会のすべての道徳が、
全的に拒否されてはじめて、ありえるのです。
こんなに多くのすべきことがあります。
この孤立化のプロセスが不断につづくとしたら、それはできません。
私たちは「私（the 'me'）」と「私の（the 'mine'）」と「他人」について語ります―
他人は壁の向こうです。

「私」と「私の」は壁のこちら側です。
それで、その抵抗の本質—すなわち「私（the 'me'）」—は、
どのようにして完全に手放しでいることができるのでしょうか？
なぜなら、それが関係すべてにおいて、
ほんとうにもっとも根源的な問いであるからです—
そして、イメージ間の関係はまったく関係ではなく、
その種の関係が存在するとき、葛藤があるにちがいないこと、
互いにのど首をつかみあっているにちがいないとわかるからです。

あなたが自分にその問いを置くとき、必然的にこう言うでしょう—
「私は空虚で、空っぽの状態で生きなければならないのか？」と。
私は疑問に思いますが、あなたはこれまでに、完全に空っぽな精神(マインド)
を持つことがどういうことか、知ったことがあるのでしょうか？
あなたは「私（the 'me'）」によってつくり出される空間に生きて
きました—それはとても小さな空間です。
「私（the 'I'）」によって、自己の孤立するプロセスが一人の人と他
の人との間に築いてきた空間、それが私たちの知っている空間の
すべてです。
それ自体と周辺の間の空間—思考が築いてきた辺境(フロンティア)です。
そしてこの空間に私たちは生き、この空間に分割があるのです。
あなたはこう言います—
「私自身を手放すなら、「私（the 'me'）」という中心を放棄するなら、
私は空虚に生きるだろう」と。
けれども、これまでにまったく「私」がないように、
現実に「私」を手放したことがあるでしょうか？
あなたはこれまでにその精神(スピリット)で、世の中に生き、
会社に行き、妻または夫と暮らしたことがあるでしょうか？
そのように生きたことがあるとしたら、
「私」がない関係の状態があることを知るでしょう。
それは理想郷(ユートピア)ではなく、夢見られるものでも、
神秘的な無意味な体験でもなく、現実になすことのできる何かで—
すべての人たちとの関係がある次元に生きることです。

けれども、それは愛が何かを理解してはじめてありえます。
そしてその状態にあり、その状態に生きるには、
思考の楽しみとそのメカニズムすべてを理解しなければなりません。
そのとき、自分自身で自分自身の周りに築いた複雑なメカニズムを、
一瞥のもとに見ることができるのです―
つまり、このすべての分析的プロセスを逐一経なくていいのです。
分析は、すべて断片的です。
したがって、その扉を通して、答えは何もないのです。

存在のはかりしれない複雑な問題が、
恐れ、心配、希望、束の間の幸せ、喜びのすべてとともにあります。
けれども、分析はその解決にはなりません。
解決するのは、そのすべてをすばやく全体として捉えることです。
ご存じのように、見てはじめて、あなたは何かを理解します。
先延ばしして訓練した見る目―芸術家、科学者、どう見るかを実践した人の訓練した見る目―によってではなく、
完全な注意をもって見ると、それは見えるのです。
ものごと全体が、一瞥のもとに見えるのです。
そのときあなたは、自らがその外にいるのが見えるでしょう―
そのときあなたは、時の外にいます。
時は止まります。したがって、悲しみは終わります。
悲しみや恐れの中にいる人は、関係してはいません。
権力を追求している人が、どうして関係を持てるでしょうか？
彼は家族を持ち、妻と寝るかもしれませんが、関係してはいません。
他の人と競争している人は、まったく関係を持ちません。
私たちの社会構造すべては、その道徳に関わりをもたない超道徳に基づいています。
関係しているとは、根源的に本質的には、
分離と悲しみを生み育てる「私」が終わることです。

1968年4月25日、パリ（TE, pp.78-88）

出 典

The Collected Works of J.Krishnamurti//, first published by Kendall/Hunt,1991-1992. Copyright (C) KFA 1991/1992.

CWK-1　　　Vol. Ⅰ（1933-34）//The Art of Listening//
　　　　　　横山信英・藤仲孝司訳『花のように生きる』ＵＮＩＯ、2005 年
CWK-2　　　Vol. Ⅱ（1934-35）//What Is Right Action?//
CWK-3　　　Vol. Ⅲ（1936-44）//The Mirror of Relations s hip//
CWK-4　　　Vol. Ⅳ（1945-48）//The Observer Is the Observed//
　　　　　　横山信英・藤仲孝司・内藤晃訳『静けさの発見』ＵＮＩＯ、2013 年
CWK-5　　　Vol. Ⅴ（1948-49）//Choiceless Awareness//
CWK-6　　　Vol. Ⅵ（1949-52）//The Origin of Conflict//
CWK-7　　　Vol. Ⅶ（1952-53）//Tradition and Creativity//
CWK-8　　　Vol. Ⅷ（1953-55）//What Are You Seeking?//
　　　　　　藤仲孝司・横山信英・三木治子訳『智恵からの創造』ＵＮＩＯ、2007 年
CWK-9　　　Vol. Ⅸ（1955-56）//The Answer Is in the Problem//
CWK-10　　 Vol. Ⅹ（1956-57）//A Light to Yourself//
CWK-11　　 Vol. ⅩⅠ（1956-57）//Crisis in Consiousness//
CWK-12　　 Vol. ⅩⅡ（1961）//There Is No Thinker, Only Thought//
CWK-13　　 Vol. ⅩⅢ（1962-63）//A Psychological Revolution//
CWK-14　　 Vol. ⅩⅣ（1963-64）//The New Mind//
CWK-15　　 Vol. ⅩⅤ（1964-65）//The Dignity of Living //
CWK-16　　 Vol. ⅩⅥ（1965-66）//The Beauty of Death//
CWK-17　　 Vol. ⅩⅦ（1966-67）//Perennial Questions//
CL-1,2,3　　Commentaries on Living, Series Ⅰ,Ⅱ,Ⅲ,// qest Books, 1967. Copyright (C) KFA, 1956.
　　　　　　大野純一訳『生と覚醒のコメンタリー　1, 2, 3, 4』春秋社、1984 年
C　　　　　 Conversations//, Krishnamurti Foundation Trust, 1977. Copyright (C) KFT, 1970.
DWO　　　　A Dialogue With Oneself//, Krishnamurti Foundation Trust, 1977. Copyright (C) KFT, 1977.
ESL　　　　 Education and Significance of Life//, Harper & Row, 1981. Copyright (C) KFA, 1953.
　　　　　　菊川忠夫・杉山秋雄訳『道徳教育を超えて』霞ヶ関書房、1977 年
　　　　　　大野純一訳『クリシュナムルティの教育原論』コスモス・ライブラリー、2007 年
FLF　　　　 The First and Last Freedom//, HarperSanFrancisco, 1975. Copyright (C) KFA, 1954.
　　　　　　根木宏・山口圭三郎訳『自我の終焉』篠崎書林、1980 年
FA　　　　　The Flame of Attention//, Harper & Row, 1984. Copyright (C) KFT, 1983.
FFK　　　　 Freedom From the Known//, Harper & Row, 1969. Copyright (C) KFT, 1969.
　　　　　　十菱珠樹訳『自己変革の方法』霞ヶ関書房、1970 年
　　　　　　大野龍一訳『既知からの自由』コスモス・ライブラリー、2007 年

ML	Meeting LIfe//, HarperSanFrancisco, 1991. Copyright (C) KFT, 1991.
	大野龍一訳『生と出会う』コスモス・ライブラリー、2006年
MWM	Mind Without Measure//, Krishnamurti Foundation India, 1990. Copyright (C) KFT, 1983.
	小早川詔・藤仲孝司訳『知恵のめざめ』ＵＮＩＯ、2003年
NT	The Network of Thought//, Harper & Row, 1982. Copyright (C) KFT, 1982.
	渡辺充訳『思考のネットワーク』ＪＣＡ出版、1991年
	神咲禮監修・大野純一監訳・渡辺充訳『英知へのターニングポイント』彩雲出版、二〇一〇年
OR	On Relationship//, HarperSanFrancisco, 1992. Copyright (C) KFT, 1992.
QA	Questions and Answers//, Mirananda, 1982. Copyright (C) KFT, 1982.
SPKR-1	The Second Penguin Krishnamurti Reader// (PART ONE, THE ONLY REVOLUTION), Penguin, 1986. Copyright (C) KFT, 1970/1971.
	大野純一訳『クリシュナムルティの瞑想録』平河出版社、1982年
	大野純一訳『クリシュナムルティの瞑想録』サンマーク文庫、1998年
SPKR-2	Second Penguin Krishnamurti Reader// (PART TWO, THE URGENCY OF CHANGE), Penguin, 1986. Copyright (C) KFT, 1970/1971.
	松本恵一訳『自己の変容』めるくまーる、1992年
TE	Talks in Europe 1968//, Servire, 1969. Copyright (C) KFT, 1969.
TTT	Think on These Things//, HarperPernnial, 1989. Copyright (C) KFA, 1964.
	藤仲孝司訳『子供たちとの対話』平河出版、1992年
WL	The Wholeness of Life//, Harper & Row, 1981. Copyright (C) KFT, 1979.
	大野純一・聖真一郎訳『生の全体性』平河出版社、1986年

ありのままの自分が見える
関 係 と い う 鏡

2018年9月20日　初版第1刷発行

著　者　　J・クリシュナムルティ
訳　者　　日生明樹 他

発行所　　UNIO
　　　　　〒602-0805 京都市上京区寺町今出川上ル桜木町 453-12
　　　　　電話 (075)211-2767　郵便振替 01050-2-36075

発売元　　(株)星雲社
　　　　　〒112-0005 東京都文京区水道一丁目 3-30
　　　　　電話 (03)3868-3275　FAX (03)3868-6588

ISBN978-4-434-25210-5 C0010
©2018 Unio, Printed in Japan
落丁・乱丁本は、お取り替えいたします。

クリシュナムルティの既刊本

瞑　想
瞑想をわかりやすく語るクリシュナムルティの言葉集
　あなたが注意をはらえば、完全な静けさがおとずれます。その注意のなかには、どんな境界もありません。中心となるものもありません。気づいているわたしとか、注意をはらっているわたしのようなものはありません。この注意、この静けさ、それが瞑想の状態です。

[訳]
中川 吉晴

四六判／120 頁
本体 1200 円＋税

学校への手紙─教育の現場に愛と叡智を
クリシュナムルティによって創設されたインド、イギリス、アメリカの学校に定期的に送られた "生徒と教師の精神の開花" のための手紙集。学校について知識・学歴の場から人間全体の形成の場の再生を問う。

[訳]
古庄 高

四六判／192 頁
本体 1600 円＋税

クリシュナムルティ著述集・第1巻
花のように生きる─ 生の完全性
　第1次世界大戦後の混沌とした時代のなかで、「星の教団」の指導者となったクリシュナムルティは、人々の指導やそのための組織に疑問をもち、これを解散し、一私人として人々と対話を始めました。本書は、その初期の対話集です。

[訳]
横山 信英
藤仲 孝司
四六判／560 頁
本体 2600 円＋税

クリシュナムルティ著述集・第4巻
静けさの発見─ 二元性の葛藤を越えて
　第二次世界大戦からインド独立までの激動の時代（1945〜1948）、「完全な覚醒が訪れた」と、クリシュナムルティ自身が述べた時期の講話集。訳注、索引付。

[訳]
横山 信英
藤仲 孝司
内藤　晃
四六判／696 頁
本体 3600 円＋税

クリシュナムルティ著述集・第8巻
智恵からの創造─条件付けの教育を超えて
『子供たちとの対話』とならぶ、珠玉の講話集！
　何かに慣れることは、心に鈍感になることです。そのとき精神は、鈍く、愚かです。教育の機能は、精神が敏感で思慮深くあるのを助けることです。いつも新鮮な感受性をもって生きる、これにはたいへんな理解が必要です。

[訳]
藤仲 孝司
横山 信英
三木 治子
四六判／540 頁
本体 2500 円＋税

知恵のめざめ─悲しみが花開いて終わるとき
　無限の可能性を内包し、わたしたちのありのままの姿を明らかにするクリシュナムルティのことば。独自の言葉で展開される彼の対話をそのまま再現するため、編集前の書き下ろし版を用いて訳した価値ある翻訳本。訳注、索引付。

[訳]
小早川 詔
藤仲 孝司
四六判／349 頁
本体 2200 円＋税

明日が変わるとき─クリシュナムルティ最後の講話
　明日のあなたは、今あるあなたです。今、変化しないならけっして変化しないでしょう。クリシュナムルティ最後の講話・対話を再現する書き下ろし版による翻訳本。国立ロス・アラモス研究所での講話、訳注、索引付。

[訳]
小早川 詔
藤仲 孝司
四六判／448 頁
本体 2500 円＋税

生の書物
　スリランカに招待されたクリシュナムルティが、当時の首都コロンボで行った、「生は関係と行為である」「生の書物」「欲望、楽しみ、悲しみと死」「精神の壮大さ」の全4回の講話の記録です。

[訳]
藤仲 孝司
内藤　晃
四六判／80 頁
本体 750 円＋税